国家级药学实验教学(示范)中心实验系列教材

药剂学实验教程

主　编　陈章宝

副主编　张继芬　杨星钢

科学出版社

北　京

内容简介

为适应新时期药学实验教学要求，让学生更好地理解药剂学理论知识，掌握药物制剂的设计及生产工艺流程等，本教程按照验证性实验、设计性实验和综合性实验层次来进行编写。本教程主要内容和特色包括：第一，药剂学实验必须掌握的基本实验要求；第二，将药剂学理论知识和经典的验证性实验相结合；第三，根据药剂学理论，近几年发展起来的新制剂新技术，增加了新制剂实验；第四，以药物制剂制备的工业化生产工艺，开设综合性实验；第五，本着培养学生制剂设计的能力，开设设计性实验；第六，开设药物GMP虚拟仿真实验，运用软件设计制剂处方。

本教材可作为药学、制药工程、中药学等专业及相关领域教师及学生的参考用书。

图书在版编目(CIP)数据

药剂学实验教程 / 陈章宝主编. —北京:科学出版社，2015.9（2017.9 重印）

国家级药学实验教学（示范）中心实验系列教材

ISBN 978-7-03-045846-9

Ⅰ.①药… Ⅱ.①陈… Ⅲ.①药剂学-实验-教材 Ⅳ.①R94-33

中国版本图书馆 CIP 数据核字（2015）第 230363 号

责任编辑：杨 岭 华宗琪 / 责任校对：邓利娜 贺江艳
责任印制：余少力 / 封面设计：墨创文化

科学出版社出版
北京东黄城根北街16号
邮政编码：100717
http://www.sciencep.com

成都锦瑞印刷有限责任公司印刷
科学出版社发行 各地新华书店经销
*
2015年10月第 一 版 开本：787×1092 1/16
2017年9月第三次印刷 印张：7 3/4
字数：180 千字

定价：24.00 元

西南大学 国家级药学实验教学（示范）中心
国家级药学虚拟仿真实验教学中心

实验系列教材编委会

《药剂学实验教程》编委会

主　编　陈章宝

副主编　张继芬　杨星钢

编　委　李　翀（西南大学）

刘　伟（郑州大学）

陈章宝（西南大学）

张继芬（西南大学）

杨星钢（沈阳药科大学）

何小燕（西南大学）

杨　游（西南大学）

唐亚雄（北大医药重庆大新药业股份有限公司）

冉启平（北大医药重庆大新药业股份有限公司）

总　　序

创新是以新思维、新发明和新描述为特征的一种概念化过程，创新是一个民族发展的灵魂，是一个民族进步的不竭动力，提高自主创新能力，建设创新型国家，是国家发展战略的核心，是提高综合国力的关键，创新更是引领发展的第一动力。因此，培养大学生创新能力是21世纪高等教育适应经济社会发展需要，是提高人才培养质量的必然要求，但这也是目前高校人才培养中普遍存在的薄弱环节。实验教学是理论教学的一种延续，既能让学生对课堂上所学知识进行消化和吸收，又能有效地训练学生的实验技能，培养学生的观察能力、实践能力、创新能力、创新精神和科学素养。因此，实验教学作为教学活动的有机组成部分，是培养高素质创新型人才的重要教学环节，其地位无可替代。实验教材则是体现实验内容、教学方法和人才培养思想的载体，是培养高素质创新型人才的重要保证。因此，强化以培养创新能力为目标的实验教材建设，对改革实验教学体系、提高实验教学质量、实现人才培养目标具有重大的作用。

为了加强大学生实践能力和创新能力的培养，西南大学国家级药学实验教学(示范)中心在教学实践中坚持“以学生为本，将知识传授、能力培养和素质提高贯穿于实验教学始终”的指导思想，秉持“实践创新，能力至上”的实验教学理念，按照“能力培养，虚实结合、从基础到专业，从认知训练到创新应用，从学校到社会”的原则建立和完善实验教学体系。中心结合多年开展实践教学的有益经验和实验教学体系，组织长期从事本科实践教学的教师编写本套实验教材，旨在与国内药学领域的专家和兄弟院校交流，分享中心取得的点滴经验和成果，也为药学类专业的实践教学和人才培养提供实践教学指导。为了进一步促进大学生实践创新能力的培养，我们推出了本套药学创新实验系列教材。教材按照实验的基本要求、验证性实验、综合性实验、设计性实验和虚拟仿真实验等层次进行编写。

西南大学国家级药学实验教学(示范)中心(http://etcp.swu.edu.cn/)由真实实验教学和虚拟仿真实验教学组成，是西南大学开展药学类专业及相关专业人才培养、科研服务和文化传承的核心平台之一，她承担着西南大学药学类及相关专业的实验教学及研究任务，并面向社会开放，承担着全国高校、院所和企业的实验技能培训、大学生夏令营和冬令营的实验教学工作。中心自2003年开始建设以来，不断整合校内药学类相关实验教学资源进行建设，于2007年成为西南大学校级药学实验教学示范中心，2009年成为重庆市市级药学实验教学示范中心，2012年经教育部批准为“十二五”国家级药学实验教学(示范)中心。作为实验教学的一个重要补充，西南大学国家级药学虚拟仿真实验教学中心(http://yxxf.swu.edu.cn/)于2014年被教育部批准为全国首批100个虚拟仿真实验教学中心之一，也是全国首批3个药学/中药学虚拟仿真实验教学中心之一。

西南大学实验教学的发展得到了国内外各兄弟院校和同仁的支持与帮助，在此向他们表达诚挚的谢意。同时，也希望在各方的支持与帮助下，中心的实践教学得到更好的发展。

药学创新实验教材编委会

2015 年 2 月于重庆北碚

前　言

药剂学是研究药物制剂的基本理论、处方设计、制备工艺和合理使用的综合性应用技术学科，是实践性很强的学科之一。药剂学实验是构成药剂学实践教学体系的主要内容，是理论与实践结合的重要教学环节。为提高药剂学实验的教学质量，配合《药剂学》的理论教学，编者编写了《药剂学实验教程》，以便学生能更好地掌握药剂学实验内容与方法，使重要的药剂学理论和概念得到验证、巩固和充实，为进行药物制剂的生产、工艺改革和新制剂与新剂型的创新研究，以及指导临床正确合理地使用药品打下坚实的基础，并进一步培养学生严谨的科学作风与开发新药的能力。

本实验教程共五章：第一章是介绍药剂学实验的基本要求，让学生牢固树立安全意识；知道制剂《药品生产质量管理规范》(GMP)要求，不同制剂生产制备需符合《药品生产质量管理规范》(2010 年修订)的规定，不同制剂生产需要不同类别的制药用水、不同洁净度级别的生产环境等；明确实验预习、操作及实验报告撰写要求。第二章是验证性实验(实验一至实验六)，通过部分经典实验操作旨在培养学生的基本实践技能，对理论知识进行学习理解。第三章是综合性实验(实验七至实验二十一)，每个实验主要涉及制剂的处方筛选、制备及质量评价等，旨在使学生巩固和深入理解各剂型的制备工艺和基本操作，熟悉各剂型的处方、常用辅料、主要质量评价等内容，部分实验选自于《中华人民共和国药典》(简称《中国药典》)中的药物制剂，更能激发学生开展药物制备的兴趣，培养学生综合运用知识的能力。第四章是设计性实验(实验二十二至实验二十七)，介绍了制剂的原理，要求学生根据实验提示，独立完成制剂处方、制备工艺和质量评价等实验方案设计，通过让学生查阅资料、设计实验方案、进行实验操作、分析实验结果等培养学生实践创新的能力。第五章是虚拟仿真实验及制剂设计软件应用(实验二十八至实验三十)，介绍了药物制剂虚拟仿真实训软件，通过计算机操作模拟 GMP 生产环境，培养学生工业化实践能力，掌握正交设计和均匀设计软件在药物制剂处方、制备工艺等中的应用，培养学生运用软件的能力。

本实验教程的组织编写人员有：西南大学的陈章宝副教授、张继芬副教授、李翀教授、何小燕高级实验师、杨游讲师，沈阳药科大学的杨星钢副教授，郑州大学的刘伟副教授，北大医药重庆大新药业股份有限公司的唐亚雄副总经理、冉启平技术部部长。

限于编者的水平，书中难免有不足之处，敬请读者批评指正。

编者

2015 年 8 月

目　录

第一章　药剂学实验的基本要求

一、制剂实验室规则

(一)学生实验守则

(1)实验前，需认真预习，明确实验的目的要求，理解与实验有关的基本原理，对实验操作步骤、方法及安全注意事项等做到心中有数，合理安排实验。

(2)学生至少需要提前10min进入实验室，不得无故迟到或早退。进入实验室必须穿工作服。

(3)实验中应严格遵守实验室的规章制度，保持实验室内肃静，不得擅离实验操作岗位、高声谈笑、做与实验不相关的事情。如发生差错事故或异常现象，应及时报告指导教师，查明原因，及时解释。注意安全，严防火灾、烧伤或中毒事故发生。

(4)实验中，爱护实验仪器设备，节约使用原辅料。实验仪器、原辅料应妥善保管、存放和使用。如有破损缺少，必须立即报告实验指导教师，并填写耗材报损表，然后到准备室补领。称取原辅料时，按处方量称取，不得取大量放在自己实验台上备用。称量任何药品，在操作完毕后应立即盖好瓶塞，放回原处，凡已取出的原辅料不能倒回原瓶。

(5)遵守实验操作规程，要以严肃认真的科学态度进行操作，并积极思考，细致观察实验现象，在实验记录本上做好原始记录，不允许随便写在一张小纸片上。如实验失败时，先要找出失败的原因，考虑如何改正，再向指导老师咨询意见，是否需要重做。

(6)实验后，应将所用仪器洗净并整齐地放回实验台上，并将本组实验台、实验架等整理洁净，由实验老师检查后，方可离开实验室。用具及实验成品，一律不准擅自携出室外。如有仪器损坏，必须及时登记补领。

(7)每次实验后由实验小组轮流值日，主要负责实验室内、走廊地面、门窗的卫生整洁，以及废物缸的清倒工作，将水、电、门窗关好，经指导教师验收后再离开实验室。

(8)实验后，应根据原始记录，按教师要求及时完成实验报告，联系理论知识，认真处理数据，分析问题，并按时交给指导老师批阅。

(9)实验指导教师可根据具体实验情况增加本守则以外的必要条款。

(二)实验室安全守则及事故处理

由于药剂实验有时会接触易燃、易爆的化学药品，有的实验还经常使用水、电和各种加热用具(如酒精喷灯、电炉、水浴锅等)，必须在思想上充分重视安全问题。为此，实验前应充分了解有关安全注意事项，实验过程中严格遵守操作规程，以避免或减少事故发生。

1. 安全守则

(1)实验前应检查仪器是否无损，安装是否正确，在征求指导老师同意后，方可进行实验。

(2)实验时，不得离开岗位，应随时注意观察和记录实验现象。

(3)不允许用手直接取用原辅料，多取出的原辅料不得倒回原瓶中，以免污染。

(4)使用电炉时，需在电炉上垫上石棉网，电炉周围不得摆放易燃、易爆物品，如塑料、纸张、乙醇、氯仿等；注意电源线不能紧贴在电炉上，以防电源线熔化，导致火灾、触电等事故发生。

(5)使用酒精灯，应随用随点，不用时盖上灯罩。严禁用燃着的酒精灯点燃其他酒精灯，以免乙醇流出而失火。

(6)加热时，不能将加热的容器口朝向自己或他人；也不能俯视正在加热的液体，以防液体溅出伤人。

(7)嗅闻气体时，鼻子不能直接对着瓶口或试管口，而应用手轻轻将少量气体扇向自己的鼻孔。

(8)凡产生刺激性的、有恶臭的、有毒的气体(如乙醚、氯仿等)的实验，应在通风橱内(或通风处)进行。

(9)使用易燃、易爆药品，应严格遵守操作规程，远离明火。绝对不允许擅自随意混合各种化学药品，以免发生意外事故。

(10)浓酸、浓碱具有强腐蚀性，使用时要小心，切勿溅在衣服、皮肤及眼睛上。稀释浓硫酸时，应将浓硫酸慢慢倒入水中并搅拌，而不能将水倒入浓硫酸中。

(11)有剧毒的药品、试剂(如重铬酸钾、铅盐、砷的化合物、汞的化合物，特别是氰化物)不能进入口内或接触伤口，也不能将其随便倒入下水道，应按要求倒入指定容器内。

(12)实验室内严禁吸烟、饮食。

(13)实验结束，应立即关闭水、电，洗净双手，方可离开实验室。

2. 事故处理

实验中若出现事故，应根据事故的性质、大小和伤害严重程度等，采取由学生直接处理、报告老师处理和到相关医疗机构救治等几种处理方式中相应的方式进行处理。

实验过程中发生的事故，一般可以采取的救护措施如下。

(1)浓酸、浓碱洒在衣服或皮肤上时，应立即用大量水冲洗，再分别用2%碳酸氢钠溶液或2%乙酸擦洗，用水冲洗后，外敷氧化锌软膏或硼酸软膏。

(2)当腐蚀性药品溅入眼睛时，应立即用大量水冲洗眼睛，但注意水压不应太大，待药物充分洗净后再就医。当眼睛里进入碎玻璃或其他固体异物时，应闭上眼睛不要转动眼球，立即到医务室就医。

(3)实验室内闻到异常气味时，应迅速检查异常气味来源，并尽快进行处理，或报告老师进行处理。不慎吸入有刺激、有毒气体时，应立即到室外做深呼吸，呼吸新鲜空气，严重者到医院进行医治。

(4)当烫伤时，在烫伤处抹上黄色的苦味酸溶液或烫伤膏，切勿用水冲洗。

(5)毒物误入口内，可取5～10mL稀硫酸铜溶液，加入一杯温水中，内服后用食指伸入咽喉，促使呕吐，然后立即送医院治疗。

(6)人体触电时，应立即切断电源，或用非导体将电线从触电者身上移开。如有休克现象，应将触电者移到有新鲜空气处立即进行人工呼吸，并请医生到现场抢救。

(7)在实验过程中发生着火，应根据起火原因采取相应的方法。一般的小火可用湿布、石棉布覆盖燃烧物灭火；火势大时可使用泡沫灭火器。由电器设备引起的火灾，只能用四氯化碳灭火器灭火。衣服着火时，切勿乱跑，应赶快脱下衣服，用石棉布覆盖着火处，或者就地卧倒打滚，也可起到灭火的作用。若火势较大，应立即报火警。

二、药剂学实验基础知识

(一)制剂制备要求及质量评价

1. 制药用水

水是药物生产中用量大、使用广的一种辅料，用于生产过程及药物制剂的制备。制药用水主要分为饮用水、纯化水、注射用水和灭菌注射用水4类，一般应根据各生产工序或使用目的与要求选用适宜的制药用水，确保制药用水的质量符合预期用途的要求。

(1)饮用水：自来水公司供应的达到《国家标准生活饮用水卫生标准》(GB 5749—1985)的自来水或深井水，又称原水。

《中华人民共和国药典》(简称中国药典)2010年版规定饮用水是经蒸馏法、离子交换法、反渗透法或其他适宜的方法制得的制药用水，不含任何添加剂。

饮用水可用于：①制备纯化水；②设备、容器、口服剂瓶子等制药用具的粗洗；③中药材、饮片的清洗、浸润和提取等。

饮用水不能直接用作制剂的制备或实验用水。

(2)纯化水：是饮用水经蒸馏法、离子交换法、反渗透法或其他适宜的方法制备的制药用水，不含任何附加剂，其质量应符合《中国药典》2010年版纯化水项下的规定。

纯化水可作为：配制普通药物制剂用的溶剂或实验用水；可作为中药注射剂、滴眼剂等灭菌制剂所用药材的提取溶剂；口服、外用制剂配制用溶剂或稀释剂；非灭菌制剂用器具的精洗用水；也用作非灭菌制剂所用药材的提取溶剂。

纯化水不得用于注射剂的配制与稀释。

(3)注射用水：纯化水经蒸馏所得的水，应符合细菌内毒素试验要求。注射用水必须在防止细菌内毒素产生的设计条件下生产、储藏与分装。其质量应符合《中国药典》2010年版注射用水项下的规定。

注射用水可作为配制注射剂、滴眼剂等的溶剂或稀释剂及容器的精洗用水。为保证注射用水的质量，应减少原水中的细菌内毒素，监控蒸馏法制备注射用水的各生产环节，并防止微生物的污染。应定期清洗与消毒注射用水系统。注射用水的贮存方式和静态贮存期限应经过验证并确保水质符合质量要求，如可以在80℃以上保温或70℃以上保温循环或4℃以下的状态下存放。

(4)灭菌注射用水：为注射用水按照注射剂生产工艺制备所得。不含任何添加剂。主要用于注射用灭菌粉末的溶剂或注射剂的稀释剂。其质量应符合《中国药典》2010年版灭菌注射用水项下的规定。灭菌注射用水灌装规格应适应临床需要，避免大规格、多次使用造成污染。

(5)学生实验由于实验室一般只有饮用水和纯化水，因此在进行制剂制备实验时，清洗玻璃器皿时先用饮用水，再用纯化水精洗，但在配制溶液时应选用纯化水进行实验；在进行药物制剂新产品研制实验时应严格按照《中国药典》规定选用相应类别的制药用水。

2. 制剂GMP要求

药品生产制备、新药研制实验必须符合2010年版GMP的规定(表1-1)。2010年版GMP对药品生产环境的要求：洁净区的设计必须符合相应的洁净度要求，包括达到“静态”和“动态”的标准。“静态”是指所有生产设备均已安装就绪，但未运行且没有操作人员在场的状态。“动态”是指生产设备按预定的工艺模式运行并有规定数量操作人员在现场操作的状态。

表1-1 药品生产质量管理规范(2010年版GMP)无菌药品洁净度

洁净度级别	悬浮粒子最大允许数/m³				微生物检测的动态标准			
	静态		动态		浮游菌 cfu/m³	沉降菌 (ϕ90mm) cfu/4h	表面微生物	
	≥0.5μm	≥5.0μm	≥0.5μm	≥5.0μm			接触碟 (ϕ55mm)cfu/碟	5指手套 cfu/手套
A级	3 520	20	3 520	20	<1	<1	<1	<1
B级	3 520	29	352 000	2 900	10	5	5	5
C级	352 000	2 900	3 520 000	29 000	100	50	25	—
D级	3 520 000	29 000	不规定	不规定	200	100	50	—

注：“—”表示不作规定

A级：高风险操作区，如灌装区、放置胶塞桶及扎盖区域与无菌制剂直接接触的敞口包装容器的区域及无菌装配或连接操作的区域，应当用单向流操作台(罩)维持该区的环境状态。

B级：无菌配制和灌装等高风险操作A级洁净区所处的背景区域。

C级和D级：是指无菌药品生产过程中重要程度较低的操作步骤的洁净区。

虽然普通学生实验室达不到GMP规定的洁净度级别，但学生应树立不同药物制剂生产应在相应的洁净度的环境里进行的理念。

3. 制剂质量评价要求

由于制剂剂型很多，在研究新药制剂时，应遵循《中国药典》相应制剂通则规定及制剂的特性要求。在制备不同制剂时，应按照最新《中国药典》或质量标准规定评价该制剂是否符合质量标准。

(二)实验预习、记录的内容和实验报告的写作

1. 实验预习

(1)根据实验目的，结合实验指导提要，参考实验指导书，学习相关的理论知识，如该制剂的概念、特点、临床应用、处方组成、用水类别、GMP 环境要求、实验原理、制备方法和工艺路线、质量检测项目和方法、结果判断等。

(2)仔细阅读实验内容，熟悉实验操作的具体步骤，分析每步操作的意义及注意事项，预先对实验操作进行合理安排。例如，实验需要哪些器皿，是否要求干燥；实验操作时哪些步骤先做，哪些后做；有些操作步骤需要等待较长时间，如何利用等待的时间安排其他实验操作，以提高实验效率等。

(3)将以上预习的结果撰写成预习报告。

2. 实验记录

实验记录是将实验内容如实地记录下来，长期保存备用。其基本原则是真实、及时、准确、完整，实验过程中应认真做好实验记录。一般包括以下内容：

(1)实验时间、天气、温度、操作室相对湿度。

(2)原辅料和试剂的生产厂家及批号，尤其是原料药和一些重要的辅料。

(3)制剂制备所用仪器设备生产厂家及规格型号。

(4)实验内容、步骤和方法的记录，要求完整、具体、真实。这部分记录不是照抄实验指导，而是自己的实际操作过程，尤其注意实验操作的变更和称量的有效数字等。

(5)观测指标的变化和原始的描记图纸，对实验的关键环节和最终结果可进行拍照留存，这是最原始的实验真实记录。注意对于失败的实验结果，同样需要记录，不可回避。

3. 实验报告的写作

实验报告要实事求是地反映实验的基本过程，并要对实际所得结果进行整理、计算，按统计学处理，然后进行科学的分析讨论。在此基础上，撰写实验报告。

第二章　验证性实验

实验一　难溶性药物的溶解

一、实验目的

(1)掌握药物助溶、增溶、潜溶的基本原理。

(2)熟悉药物助溶、增溶和潜溶的操作。

(3)了解增加药物溶解度的方法。

二、实验指导

了解药物的溶解度不仅对于制剂的研究制备具有重要意义，更是处方前研究的重要内容，部分药物由于溶解度小，即使是药物的饱和溶液也低于治疗所需要的浓度，起不到治疗作用。因此，需要使用助溶剂、增溶剂和混合溶剂等增加水中难溶性药物的溶解度以达到治疗所需的要求。

助溶是指难溶性药物与加入的第三种物质在溶剂中形成可溶性的络合物、复盐或缔合物等，以增加药物在溶剂(主要是水)中的溶解度，加入的第三种物质称为助溶剂。助溶剂可溶于水，多为低分子化合物，形成的络合物多为大分子物质。常用的助溶剂主要分为三大类：一类是某些有机酸及其钠盐，如苯甲酸、苯甲酸钠、水杨酸、水杨酸钠、枸橼酸及其钠盐等；第二类是酰胺类化合物，如乌拉坦、尿素、酰胺、乙酰胺等；第三类是无机盐类，如硼砂、碘化钾等。不同助溶剂助溶机理不一样，许多机理至今尚不清楚，因此，关于助溶剂的选择尚无明确的规律可循，一般只能根据药物的性质选用与其能形成水溶性分子间络合物、复盐或缔合物的物质。

增溶是指部分难溶性药物的水溶液因加入表面活性剂形成胶束使药物溶解度增加的方法。具有增溶能力的表面活性剂称增溶剂，被增溶的物质称为增溶质。对于以水为溶剂的药物，增溶剂的最适 HLB 值为 15～18。常用的增溶剂为聚山梨酯类和聚氧乙烯脂肪酸酯类。

潜溶是指药物可能在两种纯溶剂中均微溶，但在这两种溶剂以特定比例组成的混合溶剂中药物溶解度显著增加，能显著增加药物溶解度的复合溶剂为潜溶剂。药物在各种溶剂中的溶解度不同，对于水难溶性药物，向水中加入其他一种或几种与水互溶的溶剂组成混合溶剂，使药物溶解度增加。不同于增溶剂和助溶剂，潜溶剂主要是使用混合溶剂，根据不同的溶剂对药物分子的不同结构具有特殊亲和力的原理，使药物在某一比例时达到最大溶解度。常用潜溶剂有乙醇、丙二醇、甘油、聚乙二醇、山梨醇、二甲基亚砜等。

三、实验仪器与材料

(1)仪器与器皿：电子天平、磁力加热搅拌器、烧杯、玻璃棒等。

(2)材料与试剂：碘、碘化钾、布洛芬、吐温 80、苯巴比妥、乙醇、甘油、丙二醇等。

四、实验内容与操作

(一)助溶剂对难溶性药物的助溶作用

(1)称取 0.5g 碘放入小烧杯中，然后加纯化水 10mL，搅拌，观察现象。

(2)称取 1.0g 碘化钾放入烧杯中，加水 10mL，搅拌溶解，然后加入 0.5g 碘，观察现象。

(二)增溶剂对难溶性药物的增溶作用

(1)取纯化水 50mL 于烧杯中，加布洛芬 50mg，反复搅拌，放置约 20min，观察并记录布洛芬的溶解情况。

(2)取纯化水 47mL 于烧杯中，加吐温 80 3.0mL，搅拌均匀后，加布洛芬 50mg，反复搅拌，放置约 20min，观察并记录布洛芬的溶解情况。

(3)取纯化水 47mL 于烧杯中，加布洛芬 50mg，混匀，加吐温 80 3.0mL，反复搅拌，放置约 20min，观察并记录布洛芬的溶解情况。

(4)加布洛芬 50mg 于烧杯中，加吐温 80 3.0mL，混匀，加纯化水 47mL，反复搅拌，放置 20min，观察并记录布洛芬的溶解情况。

(三)潜溶剂对难溶性药物的助溶作用

(1)称取 0.5g 苯巴比妥放入小烧杯中，然后加纯化水 15mL，搅拌，观察苯巴比妥的溶解情况。

(2)称取 0.5g 苯巴比妥 2 份分别放入 2 个小烧杯中，一份加入纯化水 12mL，搅拌，然后再加入 3.0mL 乙醇；另一份加入纯化水 10.5mL，搅拌，再加入 4.5mL 乙醇，观察苯巴比妥的溶解情况。

(3)称取 0.5g 苯巴比妥 2 份分别放入 2 个小烧杯中，一份加入纯化水 10.5mL，搅拌，然后再加入 4.5mL 丙二醇；另一份加入纯化水 9.0mL，搅拌，再加入 6.0mL 丙二醇，观察苯巴比妥的溶解情况。

(4)称取 0.5g 苯巴比妥 2 份分别放入 2 个小烧杯中，一份加入纯化水 10.5mL 搅拌，然后再加入 3.75mL 丙二醇，再加入 0.75mL 乙醇；另一份加入纯化水 9.0mL，搅拌，然后再加入 3.75mL 甘油，再加入 2.25mL 乙醇，观察苯巴比妥的溶解情况。

五、实验结果和讨论

(1)将碘的溶解情况记录在表 2-1 中。

表 2-1 碘化钾对碘的助溶作用

序号	药物	助溶剂	体系的外观状态
1	碘	无	
2	碘	碘化钾	

(2)将布洛芬的溶解情况记录在表 2-2 中。

表 2-2 吐温 80 对布洛芬的增溶作用

序号	药物	助溶剂		体系的外观状态
		有无	加入顺序	
1	布洛芬	无	水→布洛芬	
2	布洛芬	吐温 80	水→吐温 80→布洛芬	
3	布洛芬	吐温 80	水→布洛芬→吐温 80	
4	布洛芬	吐温 80	布洛芬→吐温 80→水	

(3)将苯巴比妥的溶解情况记录在表 2-3 中。

表 2-3 不同溶剂对苯巴比妥的潜溶作用

序号	药物	潜溶剂	体系的外观状态
1	苯巴比妥	无	
2	苯巴比妥	20%乙醇	
		30%乙醇	
3	苯巴比妥	30%丙二醇	
		40%丙二醇	
4	苯巴比妥	25%丙二醇+5%乙醇	
		25%甘油+15%乙醇	

【思考题】

(1)碘化钾增加碘的溶解度的原理。

(2)为什么不同潜溶剂对难溶性药物的增溶效果不一样？为什么同一种药物可能有多种潜溶剂？

(3)增溶剂加入顺序对药物增溶效果的影响。

实验二 粉体的粒径与粒度分布的测定

一、实验目的

(1)掌握显微镜法与筛分法测定粉体粒径与粒度分布的方法。
(2)熟悉粉体粒径的表示方法。

二、实验指导

粉体是无数个固体粒子集合体的总称。粒子是指粉体中不能再分离的运动单位。一般将小于100μm的粒子称为“粉”，大于100μm的粒子称为“粒”。一般情况下，粒径不大于100μm时，容易产生粒子间的相互作用而流动性较差；粒径不小于100μm时，粒子自重大于粒子间的相互作用而流动性较好，并成为肉眼可见的“粒”。在药物制备中常用粒子大小范围通常从药物原料粉的1μm到片剂的10mm。因此，通常说的“粉末”、“粉粒”或“粒子”都属于粉体的范畴，甚至“较大颗粒的集合体”也属于粉体。粉体是一种性质复杂的固态分散体系，粒子来源、形态、大小的不同，其粒径分布、表面状态、比表面积、密度、流动性和吸附性等性质各异，其中粒子的大小是决定粉体其他性质最基本的性质，对固体药物制剂的制备、质量控制、体内吸收和生物利用度等产生不同程度的影响。

由于组成粉体各粒子的形态不规则，各方向长度不同，很难像球体、立方体等规则粒子以特征长度表示其大小，如球的直径、立方体的边长等，对于一个不规则粒子，其粒子的测定方法不同，其物理意义不同，测定值也不同。

粉体粒度的检测可采用筛分法、显微镜法、电镜法、沉降法、电阻法、激光粒度法等多种方法。每一种方法都有各自的特点，检测结果也可能会有差异。

三、实验仪器与材料

(1)仪器与器皿：电子天平、显微镜(显微镜测微尺)、标准筛(1～9号)、激光粒度分析仪等。

(2)材料与试剂：玉米淀粉、粉体（粒度范围为100～500μm)。

四、实验内容与操作

(一)显微镜法

1. 操作

取粉体少许，放在显微镜的载玻片上，覆以盖玻片，轻压使颗粒分布均匀，于显微镜下观察，记录观察的图片。

2. 注意

量取粉体放在显微镜的载玻片上，覆以盖玻片，轻压使颗粒分布均匀时，要注意防止气泡混入，避免粒子间的重叠，以免产生测定的误差。

(二)筛分法

(1)固定标准筛：按筛号大小顺序从下到上依次排列。
(2)称取 30g 粉体，置于最上面的标准筛中，振荡至少 3min。
(3)称量各级标准筛中截留的粒子的质量。
注意：过筛时可以有敲打和旋转运动，但注意不要用手挤压，否则数据不准确。

(三)激光粒度法

称玉米淀粉样品 1g，将之悬浮于 10mL 纯化水中，用超声波将样品分散后，用激光粒度分析仪测定粒径。

五、实验结果和讨论

(一)显微镜法

(1)根据显微镜下观察到的图片，用显微测微尺测量并记录 200 个以上粒子的粒径，绘制以个数为基准分布的频率直方图和累积分布图。

(2)求出中位径(也称中值径)。在累积分布中累积值正好为 50%所对应的粒子，用 D_{50}表示。

(二)筛分法

(1)记录各级标准筛中截留的粒子的质量。
(2)绘制以质量为基准的频率直方图和累积分布图，并求出中位径(D_{50})。

(三)激光粒度法

淀粉样品的粒径分布图和平均粒径数据。

【思考题】

(1)粒子的表示方法及测定方法有哪些？
(2)筛分法测定粒度分布时为什么要振动一定的时间？
(3)为什么显微镜法测定粒径时测定的是定方向径？
(4)激光粒度分析仪的粒径报告上，$D(0.1)$、$D(0.5)$、D [3，2]、D [4，3]、径距分别表示什么意思？

实验三　粉体密度和流动性的测定

一、实验目的

(1)掌握测定粉体密度和休止角的方法。

(2)熟悉粉体密度和流动性的评价方法，以及润滑剂或助流剂及其用量对颗粒流动性的影响。

(3)了解粉体的基本特性。

二、实验指导

粉体的流动性是粉体的重要性质，对固体药物制剂的制备及质量控制至关重要，高速压片机要求物料应具有更高的流动性，高速胶囊填充机对填充粉末的流动性要求很高，粉体的流动性是影响填充准确性的重要因素。散剂和颗粒剂的分剂量也与其流动性有重要关系。

影响粉体流动性的因素比较复杂，粉体粒子的粒径、形态、松密度，以及粒子间的摩擦力、附着力等影响粉体的流动性。目前主要通过改变粒径和形态、添加润滑剂或助流剂等方面改善粉体流动性，如将粉体先制成颗粒，使粒径变大，然后添加润滑剂或助流剂以改善其流动性。表示粉体流动性的参数，主要有休止角、流出速度、振实密度和松密度等，其中以休止角比较常用。

休止角是指粉末或颗粒堆积成最陡堆的斜边与水平面之间的夹角，根据休止角的大小，可以间接反映流动性的大小。一般认为粒径越小，或粒度分布越大的颗粒，其休止角越大；而粒径大且均匀的颗粒，颗粒间摩擦力小，休止角小，易于流动。所以，休止角可以作为选择润滑剂或助流剂的参考指标。一般认为休止角小于30°者流动性好，大于40°者流动性不好。

具体测定方法：将粉末或颗粒放在固定于圆形器皿的中心点上面的漏斗中，圆形器皿为浅而已知半径为r(5cm左右)的平皿。粉末或颗粒从漏斗中流出，直至粉末或颗粒堆积至从平皿上缘溢出为止。测出圆锥陡堆的顶点到平皿上缘的高(h)，休止角即为下式中的θ值：

$$\tan\theta = h/r$$

在使用上述方法测定时，为了使颗粒从漏斗中流出的速度均匀稳定，使测定的结果重现性好，可将2～3个漏斗错位串联起来，即上一个漏斗出口不对准下一个漏斗出口，使粉末或颗粒尽可能堆成陡的圆锥体(堆)。

粉体的密度系指单位体积粉体的质量。由于粉体的颗粒内部和颗粒间存在空隙，粉体的密度根据所指的体积不同分为真密度、振实密度、松密度三种。振实密度是指粉体装填在特定容器后，对容器进行振动，从而破坏粉体中的空隙，使粉体处于紧密填充状态后的密度。通过测量振实密度可以知道粉体的流动性和空隙率等数据。松密度是指粉体在特定容器中处于自然充满状态后的密度。

三、实验仪器与材料

(1)仪器与器皿：电子天平、粉体性质综合测定仪、药筛、制粒机、烘箱等。

(2)材料与试剂：淀粉、糊精、微粉硅胶等。

四、实验内容与操作

(一)测定粉末的休止角

取淀粉、糊精分别过100目筛后，各取50g混合均匀，用粉体性质综合测定仪测定混合粉末的休止角，平行操作3次。

(二)测定粉体的振实密度和松密度

取淀粉、糊精混合均匀后的粉末50g，用粉体性质综合测定仪分别测定混合粉末的振实密度和松密度，平行操作3次。

(三)制备空白颗粒

1. 处方

淀粉	50g
糊精	50g
10%淀粉浆	适量

2. 制备

将淀粉与糊精混匀后，用适量10%淀粉浆制成适宜的软材，过20目筛，制湿颗粒，60℃烘干，过12目筛整粒，备用。

3. 注意事项

空白颗粒宜紧密整齐。制备软材时，黏合剂的量需加至制得的软材在过筛后不出现明显细粉，也不呈条状为宜。整粒后，以60～80目筛筛去细粉，以减少影响测定流动性的因素。

(四)测定颗粒的休止角

(1)取颗粒，用60～80目筛筛去细粉，不加助流剂，测定休止角(3次)。

(2)分别以不同量的微粉硅胶(1%、2%、3%、5%)作为助流剂，与颗粒混匀后，测定休止角(3次)。

(3)作图，找出微粉硅胶起最好助流作用的用量，将以上实验结果进行比较。

(五)测定颗粒的振实密度和松密度

取制备的颗粒 50g，用粉体性质综合测定仪分别测定颗粒的振实密度和松密度，平行操作 3 次。

五、实验结果和讨论

(1)记录测得的锥体高、底半径，计算得休止角，$\theta=\arctan(h/r)$(表 2-4)。

表 2-4　各粉体的休止角测定结果

待测样品	锥体高/cm	锥底半径/cm	休止角 θ/(°)
淀粉与糊精混合粉末			
颗粒(不加助流剂)			
颗粒+1%微粉硅胶			
颗粒+2%微粉硅胶			
颗粒+3%微粉硅胶			
颗粒+5%微粉硅胶			

以休止角(θ)为纵坐标，助流剂用量为横坐标作图，找出峰值，确定微粉硅胶起最好助流作用的用量。

(2)记录粉体和颗粒的振实密度和松密度(表 2-5)。

表 2-5　各粉体的振实密度和松密度测定结果

待测样品	振实密度/(g/cm^3)	松密度/(g/cm^3)
淀粉与糊精混合粉末		
制备的颗粒		

(3)分析比较粉末与颗粒的流动性及在颗粒中加入润滑剂或助流剂后，改善颗粒流动性的情况。

(4)分析比较粉末与颗粒的振实密度和松密度。

【思考题】

(1)颗粒或粉末流动性在制剂制备中有何意义?

(2)粉末粒度对休止角有何影响?

(3)微粉硅胶对颗粒起助流作用的原理是什么?

实验四　粉体的吸湿性及临界相对湿度的测定

一、实验目的

(1)掌握吸湿性的测定方法和临界相对湿度的计算。

(2)理解吸湿平衡曲线的意义。

二、实验指导

吸湿是指物质露置在空气或高湿度环境中，表面逐渐吸附空气中的水分直至平衡的过程。淀粉、蔗糖、氯化钠、聚维酮等一些药物或辅料在空气中很容易吸湿，造成凝集、膨胀、结块或发生潮解甚至溶解现象，从而影响药物的稳定性及影响粉末加工的流动性、均匀性等，同时药物或辅料水分的增加及共存最终将影响药物制剂的质量。

药物的吸湿过程及吸湿程度可以用吸湿平衡曲线及临界相对湿度(CRH)表示。如图 2-1所示，一些水溶性药物或辅料在相对干燥或较低相对湿度环境中，不吸湿或很少吸湿，随着环境相对湿度的增大，吸湿量缓慢增加，当相对湿度达到某一定值时，药物的吸湿量急剧上升。吸湿量急剧上升时的相对湿度(RH)即为该药物的临界相对湿度。药物的临界相对湿度越大，则表明该药物不容易吸湿，相反则容易吸湿。将药物贮存在该药物的临界相对湿度以下环境，能够延长药物吸湿平衡到达的时间。

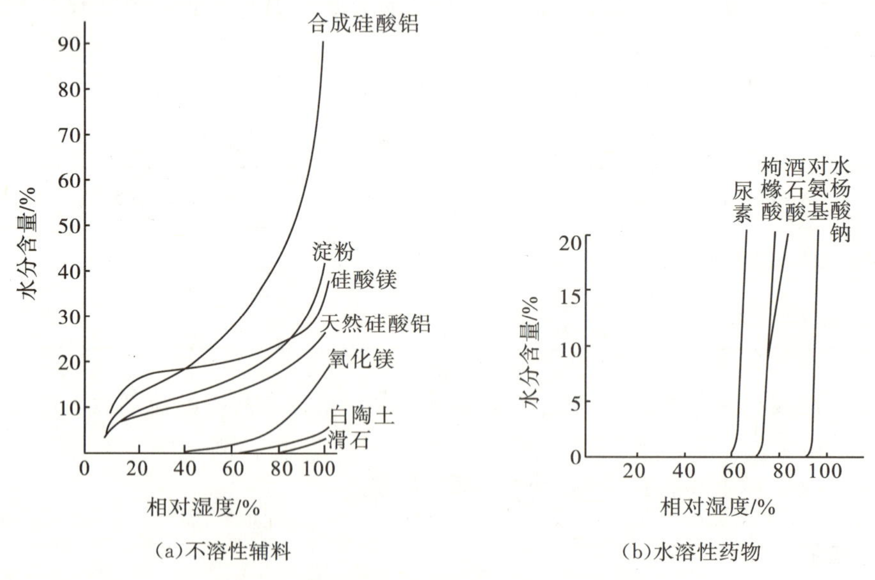

图 2-1　不同药物及辅料的平衡吸湿曲线

药物及固体制剂的吸湿性实验一般在自动恒温恒湿设备中进行，也可以将适宜的饱和无机盐溶液放置在一定温度的密闭容器中形成湿度环境。各种无机盐饱和溶液相应的相对湿度见表 2-6。以样品的平衡吸湿量对各个相对湿度作图，从曲线斜率急剧变化处即可得到该样品的临界相对湿度。

表 2-6　不同无机盐饱和溶液的相对湿度

无机盐	温度/℃	相对湿度(RH)/%
硝酸钾	25	93.58±0.55
氯化钾	25	84.34±0.26
氯化钠	25	75.29±0.13
碘化钾	25	68.86±0.24
硝酸镁	25	54.38±0.23
碳酸钾	25	43.16±0.39
氯化镁	25	32.78±0.16
乙酸钾	25	22.51±0.32
氯化锂	25	11.30±0.27

三、实验仪器与材料

(1)仪器与器皿：电子天平、药物稳定性试验箱(或恒温恒湿培养箱)、玻璃干燥器等。

(2)材料与试剂：乙酸钾、氯化镁、碳酸钾、硝酸镁、碘化钾、氯化钠、氯化钾、硝酸钾、蔗糖粉末等。

四、实验内容与操作

(一)吸湿百分率的测定

(1)称取蔗糖粉末适量，平铺于扁形称量瓶中(厚约 2mm)，干燥至恒重，精密称定(W_0)。

(2)打开称量瓶瓶盖，置于药物稳定性试验箱(或恒温恒湿培养箱)中保存，设置相对湿度为 75%，温度为 25℃，分别于 6h、12h、24h、36h、48h、72h、96h(或自行设计其他时间)取出称量，擦净称量瓶外壁的水，精密称定(W_t)。

(3)计算吸湿百分率，吸湿百分率＝$[(W_t - W_0)/W_0] \times 100\%$。以吸湿百分率为纵坐标、时间为横坐标作图，即可得到吸湿曲线，找到吸湿平衡时对应的时间 t。

(二)无机盐过饱和溶液测定 CRH

(1)在玻璃干燥器内分别配制乙酸钾、氯化镁、碳酸钾、硝酸镁、碘化钾、氯化钠、氯化钾、硝酸钾等无机盐的过饱和溶液，分别放入玻璃干燥器中营造不同的湿度环境。

(2)称取蔗糖粉末适量，平铺于扁形称量瓶中(厚约 2mm)，干燥至恒重，精密称

定 W_0。

(3)将称量瓶瓶盖打开，置于不同湿度的玻璃干燥器中；然后将玻璃干燥器置于25℃恒温箱中保存 t 时间；取出称量瓶，并擦净称量瓶外壁的水，精密称定 W_t。按照上述公式计算吸湿百分率，绘制吸湿曲线，在曲线拐点处作两切线，切线交点对应的相对湿度，即为CRH。

五、实验结果和讨论

(1)按表2-7记录样品不同时间的吸湿增重，绘制吸湿曲线，寻找吸湿平衡时间。

表2-7 不同时间的吸湿增重

时间	
W_0	
W_t	
吸湿百分率	

(2)按表2-8记录样品不同相对湿度的吸湿增重，绘制吸湿平衡曲线，寻找吸湿临界相对湿度。

表2-8 不同相对湿度的吸湿增重

相对湿度	
W_0	
W_t	
吸湿百分率	

【思考题】

(1)吸湿性对固体制剂的制备有什么意义？

(2)混合物的临界相对湿度如何计算？

实验五 辅料对维生素C溶液稳定性影响

一、实验目的

(1)掌握加速试验法在药物稳定性试验中的应用。

(2)熟悉影响药物稳定性的因素及解决办法。

二、实验指导

维生素C又称抗坏血酸，是一种含有6个碳原子的酸性多羟基化合物。维生素C性质极不稳定，分子中含有烯二醇基[—C(OH)═C(OH)—]的结构，具有很强的还原性，以及分子中含有内酯环的结构，极易氧化、水解。一方面维生素C与空气接触自动氧化生成脱氢抗坏血酸，进一步水解生成2,3-二酮C古罗糖酸(图2-2)，并可进一步氧化生成苏阿糖酸和草酸，从而失去治疗作用。另一方面，维生素C的水溶液不稳定，pH过高或过低都能使内酯环水解。影响维生素C稳定性的因素有溶液的pH、温度及溶液中的某些金属离子。维生素C在中性或碱性溶液中很快被氧化，遇光、热、铁和铜等金属离子也会加速氧化。

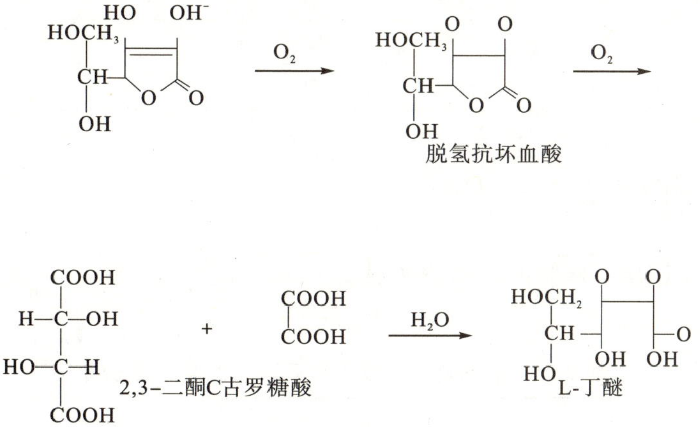

脱氢抗坏血酸

2,3-二酮C古罗糖酸

L-丁醚

图2-2　维生素C氧化水解中间产物结构图

三、实验仪器与材料

(1)仪器与器皿：电子天平、pH计、恒温水浴箱、紫外分光光度计、注射液灌封机、安瓿(Bu)等。

(2)材料与试剂：维生素C、亚硫酸氢钠、焦亚硫酸钠、L-半胱氨酸、三氧化二铁、乙二胺四乙酸二钠(EDTA-Na_2)等。

四、实验内容与操作

(一)抗氧化剂的影响

用纯化水配制10%的维生素C溶液200mL，分为4份，每份50mL。按表2-9加入抗氧化剂，搅拌溶解后立即灌封于2mL安瓿中，于95～100℃水中煮沸，分别于0h、1h、2h、3h取出1支，冷却后于430nm处测定氧化产物的吸光度。

表 2-9 抗氧化剂的筛选

编号	1	2	3	4
名称	—	亚硫酸氢钠	焦亚硫酸钠	L-半胱氨酸
用量/g	—	0.1	0.1	0.1

(二)金属离子络合剂的影响

用纯化水配制10%的维生素C溶液200mL，分为4份，每份50mL。按表2-10加入金属离子或乙二胺四乙酸二钠，搅拌溶解后立即灌封于2mL安瓿中，于95～100℃水中煮沸，分别于0h、1h、2h、3h取出1支，冷却后于430nm处测定维生素C溶液的吸光度。

表 2-10 金属离子的影响

编号	1	2	3	4
名称	—	三氧化二铁	EDTA-Na_2	三氧化二铁+EDTA-Na_2
用量/g	—	0.01	0.01	0.01+0.01

五、实验结果和讨论

(1)按表2-11记录不同时间的吸光度值，比较不同抗氧化剂对维生素C溶液的稳定作用。

表 2-11 抗氧化剂对维生素C溶液稳定性的影响

时间/h	—	亚硫酸氢钠	焦亚硫酸钠	L-半胱氨酸
0				
1				
2				
3				

(2)按表2-12记录不同时间的吸光度值，比较金属离子、金属离子络合剂对维生素C溶液稳定性的影响。

表 2-12 金属离子、金属离子络合剂对维生素C溶液稳定性的影响

时间/h	—	三氧化二铁	EDTA-Na_2	三氧化二铁+EDTA-Na_2
0				
1				
2				
3				

【思考题】

(1)药物的化学降解途径有哪些，与物质结构之间有何关系？

(2)影响维生素C水溶液稳定性的因素有哪些？如何提高其稳定性？

实验六 安乃近溶液有效期的测定

一、实验目的

(1)掌握经典恒温法的实验操作。

(2)熟悉药物有效期的计算方法。

(3)了解经典恒温法预测药物稳定性的原理。

二、实验指导

药品有效期的预测是考察其稳定性的重要指标之一。常用经典恒温法来预测药物的有效期，其理论依据是 Arrhenius 方程：

$$\ln k = \ln A - E_a/RT$$

式中，k 是反应速率常数；A 是频率因子；E_a 为活化能；R 为气体常数；T 是绝对温度。以 $\ln k$ 对 $1/T$ 作图得一直线，即可外推出室温时的降解反应速率常数 k(25℃)，从而求出药物的有效期。

安乃近系氨基比林和亚硫酸钠相结合的化合物，属于吡唑酮类化合物，具有解热、镇痛、抗炎、抗风湿作用，尤以解热作用显著。但由于安乃近吡唑酮环上的不饱和键易被氧化，药液放置 3～5h 即变为黄色，不能药用，因此安乃近溶液的稳定性较差，溶液的 pH、氧、重金属离子和温度对安乃近的氧化均有加速作用。

由于药物制剂的稳定性试验周期可长达 2 年，因此常常通过加速试验预测药物的有效期，常用的加速试验方法包括经典恒温法、温度指数法和 Q10 法。

经典恒温法的理论依据是 Arrhenius 公式：

$$k = A e^{-E/RT}$$

其对数形式为

$$\lg k = -\frac{E}{2.303RT} + \lg A$$

以 $\lg k$ 对 $1/T$ 作图得一条直线，称 Arrhenius 图，从直线斜率 $[-E/(2.303R)]$ 可计算出反应的活化能 E。将直线外推至室温，就可求出室温时的降解反应速度常数 K_{25}，由 K_{25} 可求出降解 10%所需的时间，即有效期 $t_{0.9}$。

三、实验仪器与材料

(1)仪器与器皿：电子天平、pH 计、恒温水浴锅等。

(2)材料与试剂：安乃近、0.05mol/L 碘液、丙酮、盐酸、淀粉指示液、无水乙醇、酸式滴定管等。

四、实验内容与操作

1. 安乃近溶液的配制

取安乃近 30g 加纯化水 100mL，搅拌使之溶解。

2. 安乃近含量的测定

精密量取安乃近溶液 1.0mL，置 10.0mL 量瓶中，加乙醇 8.0mL，再加水稀释至刻度，摇匀，立即精密量取 2.0mL，加乙醇 0.4mL、水 1.3mL 与甲醛溶液 0.10mL，放置 1min，加 0.01mol/L 盐酸溶液 0.2mL，摇匀，用碘滴定液(0.05mol/L)滴定(控制滴定速度为每分钟 3～5mL)，至溶液所显的淡黄色在 30s 内不褪。每 1mL 碘滴定液(0.05mol/L)相当于 16.67mg 的 $C_{13}H_{16}N_3NaO_4S$。

3. 加速试验

将安乃近溶液分别置于 70℃、80℃、90℃、100℃ 4 个不同温度下进行恒温加速试验，间隔一定时间(70℃间隔 24h，80℃间隔 12h，90℃间隔 6h，100℃间隔 3h)取样，每个温度的间隔取样次数均为 5 次。样品取出后立即冷却或置冰箱中保存，然后分别测定样品中安乃近的含量。

五、实验结果和讨论

(1)记录各样品滴定的碘液体积，计算安乃近溶液的浓度(表 2-13)。

表 2-13 不同温度下安乃近溶液的浓度变化

取样点	70℃		80℃		90℃		100℃	
	碘液体积/mL	安乃近溶液浓度/(mg/mL)	碘液体积/mL	安乃近溶液浓度/(mg/mL)	碘液体积/mL	安乃近溶液浓度/(mg/mL)	碘液体积/mL	安乃近溶液浓度/(mg/mL)
1								
2								
3								
4								
5								

(2)绘制不同温度下安乃近溶液的 $\lg C$-t 曲线，计算各温度安乃近的水解速率常数(表 2-14)。

表 2-14　不同温度下安乃近溶液的 lg C 及 k

温度	70℃	80℃	90℃	100℃
lg$C$				
k				

(3)绘制 lg$k$-1/T 曲线(表 2-15)。

表 2-15　不同温度下的 lg$k$ 和 1/T

温度	70℃	80℃	90℃	100℃
lg$k$				
1/T				

(4)根据 lg$C$ 对 t 作图，通过绘制的浓度-时间图评价安乃近溶液降解反应属于哪一级。假如安乃近溶液降解属于一级反应，计算安乃近溶液 25℃时的有效期。

【思考题】

(1)经典恒温法的理论依据是什么?

(2)《中国药典》规定药物制剂的稳定性试验如何进行?

第三章　综合性实验

实验七　溶液型液体制剂的制备及质量评价

一、实验目的

(1)掌握溶液型液体制剂的基本制备方法。

(2)熟悉溶液型液体药剂的常用溶媒及特点。

(3)了解液体制剂的常用附加剂。

二、实验指导

溶液剂是指小分子药物分散在溶剂中制成的均匀分散的液体制剂。溶液型液体制剂可以口服，也可以外用。常用的溶液型液体制剂有：溶液剂、糖浆剂、芳香水剂、甘油剂和醑剂等。

溶液剂一般有3种制法，即溶解法、稀释法和化学反应法。一般制备过程为：称量→溶解→混合→过滤→加分散介质至全量→检查→包装→标签。

糖浆剂是指含药物或芳香物质的浓蔗糖水溶液。制备糖浆剂的方法有：溶解法和混合法。糖浆剂易被真菌、酵母菌和其他微生物污染，使糖浆剂浑浊或变质。糖浆剂中含蔗糖浓度高时，渗透压大，微生物的生长繁殖受到抑制，低浓度的糖浆剂应添加防腐剂。常用防腐剂有苯甲酸钠和苯甲酸，其用量不超过0.3%；羟苯烷基酯类(尼泊金酯)用量不超过0.05%；以苯甲酸为防腐剂，应加枸橼酸或乙酸调pH为3～5，对真菌、酵母菌和其他微生物均有抑制作用，否则不能抑菌。

三、实验仪器与材料

(1)仪器与器皿：电子天平、灭菌锅、电炉、渗漉筒等。

(2)材料与试剂：葡萄糖酸钙、乳酸、乳酸钙、糖精钠、香精、硅胶G板、乙醇、浓氨、乙酸乙酯、羟基喹啉、紫外光灯、氢氧化钠、钙紫红素、乙二胺四乙酸二钠、川贝母流浸膏、桔梗、枇杷叶、薄荷脑、苯甲酸钠、乙醇、微孔滤膜等。

四、实验内容与操作

(一)葡萄糖酸钙口服液

1. 处方

葡萄糖酸钙	50g
乳酸钙	50g
乳酸	适量
糖精钠	适量
香精	适量
纯化水	至1000mL
pH	4.0～6.0

2. 制法

取乳酸钙加纯化水10.0mL，加热煮沸使其溶解，制成透明液体备用。先取处方量80%的纯化水，加热煮沸，加入葡萄糖酸钙回流煮沸2h，再加入已配好的乳酸钙溶液、乳酸、糖精钠继续煮沸0.5h，密封静置20～25h，最后加入香精，添加新配制纯化水至全量，摇匀后用0.8μm微孔滤膜精滤，立即灌封100℃灭菌1h包装，即得。

3. 质量评价

(1)性状。本品为几乎无色至淡黄色液体；气香，味酸甜。

(2)鉴别。①取本品适量，加水制成1mL中含葡萄糖酸钙25mg的溶液作为供试品溶液；另取葡萄糖酸钙和乳酸钙的对照品适量，分别加水均制成1mL中含25mg的溶液，作为对照品溶液。照薄层色谱法(《中国药典》2010版二部附录Ⅴ B)试验，分别吸取上述溶液各5μL，点于同一硅胶G板上(厚度不小于0.3mm)，条带点样，晾干，以乙醇-水-浓氨溶液-乙酸乙酯(30∶10∶10∶30)为展开剂，展开后，取出，晾干，在110℃条件下干燥40min，放冷，喷以8-羟基喹啉(取8-羟基喹啉0.3g，加乙醇60mL和水40mL使溶解)，晾干，再喷以氨试液，于110℃加热30min后，至紫外光灯(300nm或365nm)下检视。供试品溶液应显3个荧光斑点，除中间斑点外，其余两个主斑点的荧光与位置应与各相应的对照品溶液的主斑点相同。②本品显钙盐和乳酸盐的鉴别反应。

(3)检查。①相对密度：应为1.05～1.10(《中国药典》2010版二部附录Ⅵ)。②pH：应为4.0～6.0(《中国药典》2010版二部附录Ⅵ)。③其他：应符合口服溶液剂项下有关的各项规定(《中国药典》2010版二部附录Ⅰ)。

(4)含量测定。精密量取本品2.0mL，置于锥形瓶中，加水80mL、氢氧化钠试液15mL与钙紫红素指示剂0.1g，用乙二胺四乙酸二钠滴定液(0.05mol/L)滴定至溶液由紫红色转变为纯蓝色。1mL的乙二胺四乙酸二钠滴定液(0.05mol/L)相当于2.004mg的Ca。

4. 注意事项

(1)葡萄糖酸钙溶液为过饱和溶液，储藏期间极易析出沉淀，尤其在溶液中带有极细颗粒时形成晶核，沉淀更迅速，乳酸钙作为助溶剂，增加溶解度。

(2)纯化水需煮沸：①因为葡萄糖酸钙在冷水中缓慢溶解，在沸水中易溶；②空气中二氧化碳与葡萄糖酸钙溶液接触后易析出碳酸钙的微粒，加速溶液沉淀，影响溶液的澄明度，所以，配制时应将纯化水煮沸，以逐出二氧化碳，配制过程应尽量避免与空气接触。

(3)保证葡萄糖酸钙的煮沸时间，以使葡萄糖酸钙呈分子状态溶解。

(4)密封静置，使不溶性葡萄糖酸钙微粒析出，通过精滤除去不溶性微粒。

(二)川贝枇杷糖浆

1. 处方

川贝母流浸膏	4.5mL
桔梗	4.5g
枇杷叶	30g
薄荷脑	0.034g
香精	适量
苯甲酸钠	0.1g
纯化水	至 100mL

2. 制法

桔梗和枇杷叶加水煎煮两次，第一次 2.5h，第二次 2h，合并煎煮液，滤过，滤液浓缩至适量，加入蔗糖 40g，加入苯甲酸钠，煮沸使其溶解，滤过。滤液与川贝母流浸膏混合，放冷。加入薄荷脑和含适量杏仁香精的乙醇溶液，加水至 100mL，搅匀，即得。

3. 质量评价

(1)性状。本品为棕红色的黏稠液体；气香，味甜、微苦、凉。

(2)鉴别。取本品 20mL，用水饱和的正丁醇振摇提取 3 次，每次 15mL，合并正丁醇液，蒸干，残渣加水 3～5mL 使溶解，放冷，通过 D101 型大孔吸附树脂柱(内径为 1.5cm，柱高为 8cm)，以水 50mL 洗脱，弃去水洗脱液，再用稀乙醇洗脱至洗脱液无色，收集洗脱液，蒸干，残渣加甲醇 1mL 使溶解，作为供试品溶液。另取枇杷叶对照药材 2g，加水 100mL，煎煮 1h，滤过，滤液同法制成对照药材溶液。照薄层色谱法(《中国药典》2010 年版一部附录Ⅵ B)试验，吸取上述两种溶液各 10～20μL，分别点于同一硅胶 G 薄层板上使成条状，以环己烷-乙酸乙酯-冰醋酸(8∶4∶0.1)为展开剂，展开，取出，晾干，喷以 5%香草醛硫酸溶液，在 105℃加热至斑点显色清晰。供试品色谱中，在与对照药材色谱相应的位置上，显相同颜色的主斑点。

(3)检查。①相对密度：应不低于1.13(《中国药典》2010年版一部附录Ⅶ A)。②其他：应符合糖浆剂项下有关的各项规定(《中国药典》2010年版一部附录Ⅰ H)。

(4)含量测定。照气相色谱法(《中国药典》2010年版一部附录Ⅵ E)测定。

1)色谱条件与系统适用性试验

改性聚乙二醇毛细管柱(柱长为30m，内径为0.32mm，膜厚度为0.25μm)，柱温为110℃；分流进样，分流比为25∶1。理论板数按萘峰计算应不低于5000。

2)校正因子测定

取萘适量，精密称定，加环己烷制成1mL含15mg的溶液，作为内标溶液。另取薄荷脑对照品75mg，精密称定，置5mL量瓶中，用环己烷溶解并稀释至刻度，摇匀。精密量取1mL，置20mL量瓶中，精密加入内标溶液1mL，加环己烷至刻度，摇匀。吸取1μL，注入气相色谱仪，计算校正因子。

3)测定法

精密量取本品50mL，加水250mL，照挥发油测定法(《中国药典》2010年版一部附录Ⅹ D)试验，自测定器上端加水使充满刻度部分并溢流入烧瓶时为止，加环己烷3mL，连接回流冷凝管，加热至沸并保持微沸4h，放冷，将测定器中的液体移至分液漏斗中，冷凝管及挥发油测定器内壁用少量环己烷洗涤，并入分液漏斗中，分取环己烷液，水液再用环己烷提取2次，每次3mL，用铺有0.5g无水硫酸钠的漏斗滤过，合并环己烷液，置20mL量瓶中，精密加入内标溶液1mL，加环己烷至刻度，摇匀，即得。吸取1μL，注入气相色谱仪，测定，即得。

本品1mL含薄荷脑($C_{10}H_{20}O$)应不少于0.20mg。

4. 注意事项

(1)本处方中川贝母流浸膏系川贝母4.5g，粉碎成粗粉，用70%乙醇作溶剂，浸渍5d后，缓缓渗漉，收集初渗漉液，另器保存，继续渗漉，待可溶性成分完全漉出，续渗漉液浓缩至适量，与初渗漉液混合，继续浓缩，滤过。

(2)流浸膏为黏稠液体，混合时应注意均匀。

五、实验结果和讨论

记录两种溶液型液体制剂的性状(表3-1)。

表3-1 两种溶液型液体制剂的性状

制剂	澄明度	颜色	气味
葡萄糖酸钙口服液			
川贝枇杷糖浆			

【思考题】

(1)葡萄糖酸钙口服液中为什么要将葡萄糖酸钙先煮沸2h?

(2)葡萄糖酸钙口服液中乳酸的作用是什么?

(3)苯甲酸钠、香精的用量有什么要求?

实验八　乳剂型液体制剂的制备及类型鉴别

一、实验目的

(1)掌握乳剂的一般制备方法。

(2)熟悉乳剂的类型及其鉴别方法。

二、实验指导

乳剂是指互不相溶的两相液体混合，其中一相液体以小液滴状态分散于另一相液体中形成的非均相液体分散体系，亦称乳浊液。形成液滴的液体称分散相、内相或非连续相，另一相液体则称分散介质、外相或连续相。

乳剂由水相(W)、油相(O)和乳化剂组成。乳剂的类型分为水包油(O/W)型和油包水(W/O)型。此外，还有微乳、复合乳或称复乳(W/O/W 或 O/W/O)。乳剂的类型主要取决于乳化剂的种类、性质及两相体积比。常采用稀释法和染色法鉴别乳剂的类型。乳剂可供口服、外用及注射给药。

在药剂学中，常用乳化剂的 HLB 值为 3～16，其中 HLB 值为 3～8 的乳化剂为 W/O 型乳化剂，HLB 值为 8～16 的乳化剂为 O/W 型乳化剂。HLB 值越大亲水性越强，形成的乳剂为 O/W 型；反之，形成的乳剂为 W/O 型。在制备稳定的乳剂时，首先应确定乳剂所需的最佳 HLB 值和选择合适的乳化剂，各类乳化剂的 HLB 值可从相关文献中查找或测定。如果单一乳化剂的 HLB 值不能和乳剂所需最佳 HLB 值相适应，可以将两种不同 HLB 值的乳化剂以适当比例混合使用，以便获得一种最适宜的 HLB 值。测定油类所需最佳 HLB 值可以采用乳化法，即利用已知的 HLB 值的合成或天然乳化剂，根据油、水、乳化剂的适宜比例，用适当方法制备一系列乳剂，然后在室温条件下或采用加速实验方法观察乳剂的粒子大小、沉降容积比等稳定性指标，稳定性最佳的乳剂可视为油相所需的 HLB 值。

乳剂的制备方法主要有：①干胶法；②湿胶法；③新生皂法；④机械法(乳匀机、胶体磨)。小量制备多在乳钵中进行，大量制备可选用搅拌器、乳匀机、胶体磨等器械。制备工艺流程分别如图 3-1～图 3-4 所示。

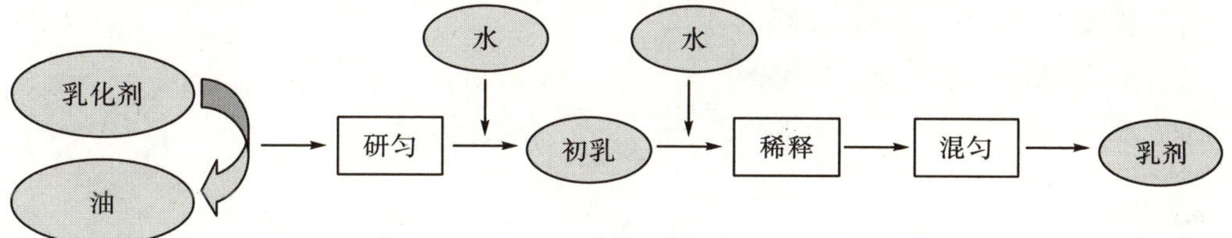

图 3-1　干胶法制备乳剂的工艺流程图

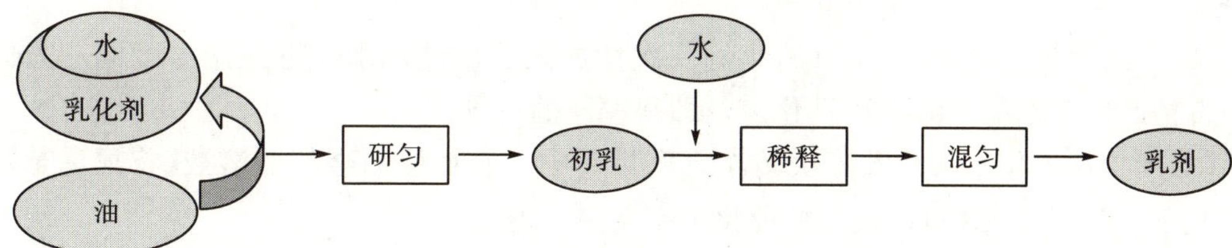

图 3-2　湿胶法制备乳剂的工艺流程图

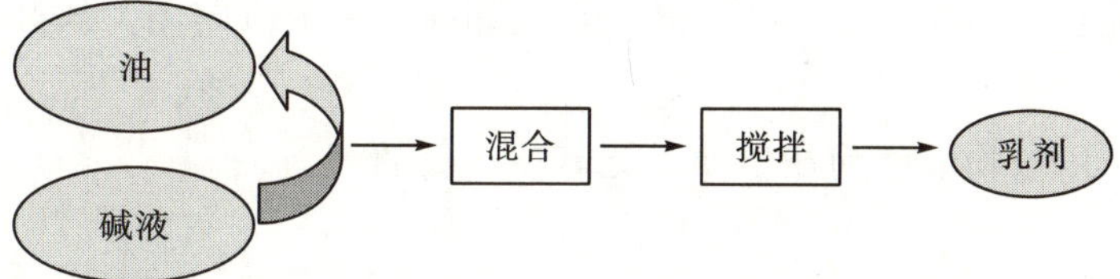

图 3-3　新生皂法制备乳剂的工艺流程图

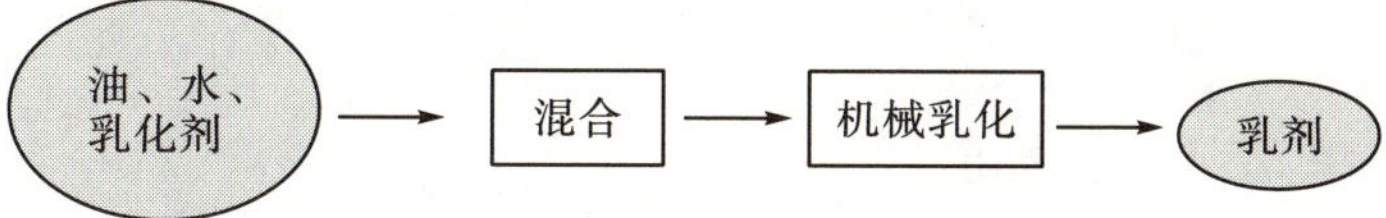

图 3-4　机械法制备乳剂的工艺流程图

三、实验仪器与材料

(1)仪器与器皿：显微镜、电子天平等。

(2)材料与试剂：菜油、西黄蓍胶、阿拉伯胶、氢氧化钙、纯化水、尼泊金乙酯、苏丹红、亚甲蓝等。

四、实验内容与操作

(一)菜油乳

1. 处方

菜油	26mL
阿拉伯胶	6.5g

西黄蓍胶 0.8g
尼泊金乙酯 0.05g
纯化水 至50mL

2. 制法

(1)称取阿拉伯胶、西黄蓍胶，置于干燥的研钵中，研匀后加入全量菜油，边加边研。

(2)按油∶水∶胶=4∶2∶1的比例一次性加入足量纯化水，迅速用力朝同一方向研磨，直至产生特别的“噼啪”乳化声，即得稠厚的初乳。

(3)用少量纯化水将初乳分次转至具塞量筒中，滴加尼泊金乙醇溶液(将尼泊金乙酯0.05g溶于0.5mL乙醇)，最后加纯化水至全量，混匀。

3. 注意事项

(1)制备初乳时应一次性加入处方量水，立即向同一个方向用力研磨，直到出现“噼啪”声。

(2)实验中所用植物油可为花生油、芝麻油或豆油等。

(二)石灰搽剂

1. 处方

菜油 5mL
石灰水 5mL

2. 制法

(1)取适量$Ca(OH)_2$加入纯化水中制备$Ca(OH)_2$过饱和溶液，静置一段时间，取上清液即为石灰水。

(2)取菜油和石灰水，置小试管中，用力振摇混匀，即得。

(三)乳剂类型的鉴别

1. 稀释法

取试管2支，分别加入两种乳剂各约1mL，再分别加纯化水约4mL，用力振摇或翻转数次，观察能否均匀分布。

2. 染色法

分别取两种乳剂各1滴于载玻片上，分别加苏丹红、亚甲蓝粉末少许，玻璃棒涂匀，盖上盖玻片，显微镜下观察染色情况，记录是内相还是外相染色。

注意：苏丹红和亚甲蓝粉末的用量要很少，否则显微镜下只能看到一片红色或蓝色。

五、结果与讨论

(1)记录稀释法的结果(表 3-2)。

表 3-2 稀释法的结果

乳剂	结果	结论
菜油乳		
石灰搽剂		

(2)记录染色法的结果，拍摄显微镜下乳剂的染色镜检图，判断乳剂类型。

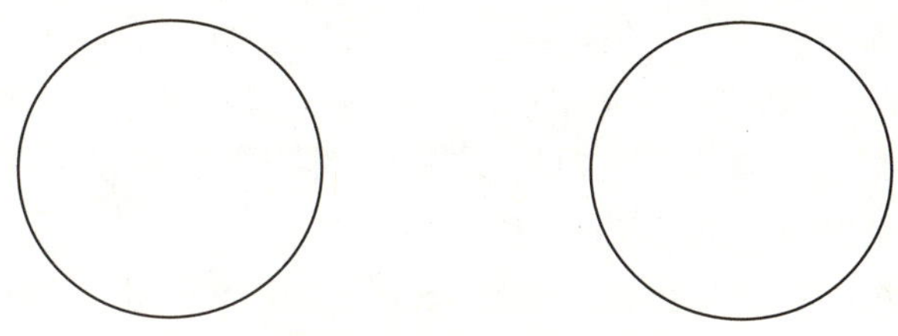

菜油乳的染色镜检图(目×物)

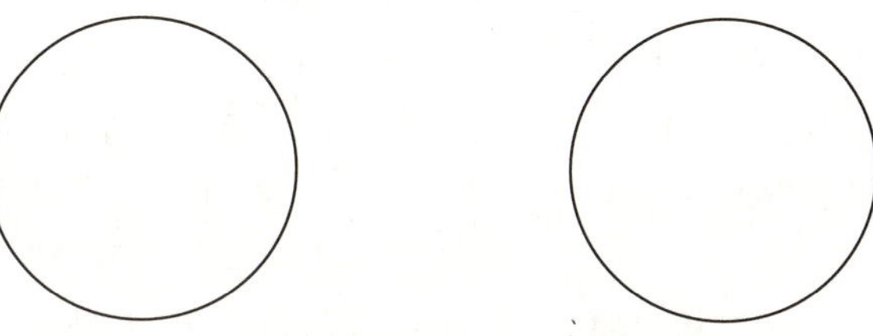

石灰搽剂的染色镜检图(目×物)

亚甲蓝染色（左侧） 苏丹红染色（左侧）

乳剂类型：________________________________。

【思考题】

(1)菜油乳和石灰搽剂的成乳原理分别是什么？

(2)用稀释法和染色法判断乳剂类型的原理分别是什么？

(3)菜油乳 HLB 值筛选的范围较大，如果要进一步缩小 HLB 值范围应如何设计实验？

(4)干胶法制备初乳的关键有哪些？

实验九　混悬型液体制剂的制备及稳定性评价

一、实验目的

(1)掌握混悬剂的制备方法。

(2)熟悉混悬剂的质量评价方法。

(3)了解助悬剂、润湿剂、絮凝剂与反絮凝剂的作用。

二、实验指导

混悬型液体制剂，简称混悬剂，是指难溶性固体药物以微粒状态分散于分散介质中形成的非均匀分散的液体制剂。混悬剂的分散介质多为水，也用植物油。

混悬剂中的微粒大多为0.5～10μm，因分散度大而有较高的表面自由能，容易聚集，属于热力学不稳定系统；又因重力作用而发生沉降，属于动力学不稳定系统。优良的混悬剂其药物颗粒应细微、分散均匀、沉降缓慢；沉降后的微粒不结块，稍加振摇后能均匀分散；黏度适宜，易倾倒，且不粘瓶壁。

混悬剂中粒子的沉降速度可由斯托克斯(Stokes)定律求得

$$V=\frac{2r^2(\rho_1-\rho_2)g}{9\eta}$$

式中，V为粒子的沉降速度，cm/s；g为重力加速度；η为分散介质的黏度，g/(cm・s)。可见，影响混悬剂中粒子沉降速度的因素主要有粒子大小、粒子和分散介质的密度差、分散介质的黏度。为使药物颗粒沉降缓慢，应减小颗粒粒径、增大分散介质黏度，减小分散介质与粒子的密度差；此外还可采用加表面活性剂、絮凝剂、反絮凝剂的方法来增加混悬液的稳定性。

混悬剂的稳定性可以用沉降体积比F表示。沉降体积比是指沉降物的体积与沉降前混悬剂的体积之比，计算公式为

$$F=\frac{H}{H_0}$$

式中，H_0为混悬物的开始高度；H为混悬物沉降一定时间后的高度。F的数值为0～1。F值越大，混悬剂越稳定。以H/H_0为纵坐标，沉降时间t为横坐标作图，可得沉降曲线。沉降曲线比较平和、缓慢降低可认为处方设计优良。

三、实验仪器与材料

(1)仪器与器皿：电子天平、研钵、具塞量筒等。

(2)材料与试剂：磺胺嘧啶、甘油、西黄蓍胶、羧甲基纤维素钠、枸橼酸钠、尼泊金乙酯等。

四、实验内容与操作

1. 处方

磺胺嘧啶混悬剂的处方见表 3-3。

表 3-3 磺胺嘧啶混悬剂的处方

组分	处方 1	处方 2	处方 3	处方 4
磺胺嘧啶/g	5	5	5	5
尼泊金乙酯/g	0.05	0.05	0.05	0.05
甘油/mL	5	5	5	5
西黄蓍胶/g	—	0.5	—	—
羧甲基纤维素钠/g	—	—	0.5	—
枸橼酸钠/g	—	—	—	0.5
纯化水至/mL	50	50	50	50

2. 制法

取处方量磺胺嘧啶和尼泊金乙酯研细，加入甘油研磨成糊状；分别加入处方中的其他组分研磨均匀。转移到 50mL 具塞量筒中，加水定容至 50mL，上下翻转振摇 10 次(一上一下计为 1 次)，静置。

3. 稳定性评价

(1)沉降体积比：分别记录静置 10min、20min、30min、40min、50min、60min 时间点的沉淀高度。用公式 $F=\frac{H}{H_0}$ 计算沉降体积比。

(2)再翻转次数：将静置 60min 后的混悬剂再翻转(一反一正计为 1 次)，分别记录沉降物均匀分散时的翻转次数。

4. 注意事项

(1)亲水性药物可先干磨至一定的细度，加蒸馏水或高分子溶液，水性溶液加液研磨时通常为药物 1 份，加 0.4～0.6 份液体分散介质为宜；遇水膨胀的药物配制时不采用加液研磨；疏水性药物可加润湿剂或高分子溶液研磨，使药物颗粒润湿，在颗粒表面形成带电的吸附膜，最后加水性分散介质稀释至足量，混匀即得。

(2)称取西黄蓍胶于研钵中，加乙醇数滴润湿均匀，加纯化水于研钵中，研成胶浆，再与主药混合研磨。

(3)称取羧甲基纤维素钠加纯化水，加热溶解而成胶浆，再与主药混合研磨。

(4)枸橼酸钠加纯化水溶解为溶液，再与主药混合研磨。

五、实验结果和讨论

(1)记录不同处方在不同时间点的沉降体积比(表 3-4)和再分散次数(表 3-5)。

表 3-4 不同处方混悬剂不同时间点的沉降体积

时间/min	处方 1	处方 2	处方 3	处方 4
0				
10				
20				
30				
40				
50				
60				

表 3-5 不同处方混悬剂的再分散次数

时间	处方 1	处方 2	处方 3	处方 4
再分散次数				

(2)根据表 3-4 的数据计算沉降体积比 F，以 F 为纵坐标、t 为横坐标，绘制 F-t 曲线图。

(3)根据沉降曲线和再分散次数，比较不同处方混悬剂的稳定性，并分析原因。

【思考题】

(1)影响实验结果的因素有哪些?

(2)混悬剂中各类稳定剂的作用?

(3)如何根据药物性质选择适宜的稳定剂?

实验十 阿司匹林颗粒剂的制备及质量评价

一、实验目的

(1)掌握颗粒剂的制备工艺流程和制粒方法。

(2)掌握颗粒剂的质量检查项目和方法。

(3)了解混合机、制粒机等仪器设备的操作。

二、实验指导

颗粒剂是指药物与适宜的辅料制成的干燥颗粒状制剂。颗粒剂发展的时间并不长，但是发展的速度却非常快，这主要源于它兼具固体与液体双重优点。一方面其贮存的形式为固体，因此稳定性好；另一方面服用的形式是液体，因此药物吸收迅速、见效快。除此之外，颗粒剂与散剂相比，其飞散性、附着性、聚集性、吸湿性等均较小；通过颗粒包衣可得到不同释药速度的控释制剂。

颗粒剂可以根据在水中的溶解性能及溶解状态分为可溶性颗粒剂、混悬性颗粒剂、泡腾性颗粒剂。

颗粒剂的制备工艺流程如下：物料粉碎→过筛→混合→制软材→制粒→干燥→整粒→分级或包衣→分剂量→包装。

颗粒剂制备流程中各工序都直接影响颗粒剂的质量。为了保证药物和辅料的混合均匀性及适宜的溶出速度，药物的结晶需粉碎成细粉，一般要求粉末细度在100目以上，制备颗粒剂的药物和辅料在使用前必须经过干燥、粉碎和过筛等处理；为保证混合均匀，药物和辅料需经过混合机混合；向已混匀的粉料中加入适量的黏合剂或润湿剂、崩解剂，小量用手工(大生产用制软材机制软材)，软材的干湿程度应适宜，除用软材机自动控制外，也可凭经验掌握，即以“握之成团，轻压即散”为度；制备的软材可通过制粒机(颗粒的大小通过制粒机筛网的孔径大小，一般选择10～14目筛网)制成均匀的颗粒，过筛制得的颗粒一般要求较完整，如果颗粒中含细粉过多，说明黏合剂用量过少，若呈线条状，则说明黏合剂用量过多；制好的湿颗粒应尽快干燥，干燥的温度由物料的性质而定，一般为60～80℃，对湿热稳定者，干燥温度可适当提高；湿颗粒干燥后，需过筛整粒以便将黏结成块的颗粒散开；整粒用筛的孔径与制粒时所用筛孔相同或略小。

颗粒剂的质量控制包括主药含量测定、外观性状、粒度的检查、溶化性、装置差异、卫生学检查等项目。

三、实验仪器与材料

(1)仪器与器皿：电子天平、V型混合机、摇摆式制粒机、快速整理机、烘箱、药筛等。

(2)材料与试剂：阿司匹林、淀粉、柠檬酸、乙醇、酚酞、氢氧化钠和硫酸等。

四、实验内容与操作

(一)颗粒剂的制备

1. 处方

阿司匹林　　30.0g

淀粉	3.0g
柠檬酸	1.5g
10%淀粉浆	适量

2. 制法

(1)10%淀粉浆的制备：称取10g淀粉放入100mL纯化水中，不断搅拌下加热至其具有一定的黏性(以玻璃棒上的浆液为一条连续线为宜)。

(2)制软材：阿司匹林、淀粉和柠檬酸分别过100目筛，称取处方量的阿司匹林、淀粉和柠檬酸置于V型混合机中混合均匀，混匀后的粉末放置于不锈钢容器中，加入10%淀粉浆制软材，制备的软材以"手握成团、压之即散"为宜。

(3)制粒：将制得的软材放入摇摆式制粒机，然后在70℃的烘箱中干燥4～6h(颗粒水分在3%以下)。

(4)整粒：将制得的颗粒放入快速整理机，将结块的轻轻打散，使其能通过10目的筛网。

(二)颗粒剂的质量检查

1. 干燥失重

照干燥失重测定法(《中国药典》2010年版二部附录Ⅷ L)测定，于105℃干燥至恒重，减失重量不得超过2.0%。

2. 粒度

照粒度和粒度分布测定法(《中国药典》2010年版二部附录Ⅸ E第二法双筛分法)检查，不能通过一号筛与能通过五号筛的总和不得超过供试量的15%。

3. 溶化性

取供试品10g，加热水200mL，搅拌5min，可溶颗粒应全部溶化或轻微浑浊，但不得有异物。

4. 含量的测定

取阿司匹林颗粒约1g，精密称定，研细；精密称取细粉适量(约相当于阿司匹林0.3g)，置锥形瓶中；加中性乙醇(对酚酞指示液显中性)20mL，振摇，使阿司匹林溶解，加酚酞指示液3滴，滴加氢氧化钠滴定液(0.1mol/L)至溶液显粉红色；再精密加氢氧化钠滴定液(0.1mol/L)40mL，置水浴上加热15min并时时振摇，迅速放冷至室温，用硫酸滴定液(0.05mol/L)滴定至红色消失为终点。并将滴定结果用空白实验校正，即得。1mL氢氧化钠滴定液(0.1mol/L)相当于18.02mg的$C_9H_8O_4$。

五、实验结果和讨论

(1)描述阿司匹林颗粒的外观。

(2)质量检查结果填入表 3-6 中。

表 3-6 阿司匹林颗粒的质量检查

名称	结果	结论
干燥失重		
粒度		
溶化性		
含量		

【思考题】

(1)颗粒剂的制粒方法有哪些？各有何特点？

(2)摇摆式制粒法的操作关键是什么？

(3)如何调节软材的性质？

实验十一 阿司匹林胶囊剂的制备及质量评价

一、实验目的

(1)掌握硬胶囊剂制备的一般工艺过程。

(2)掌握胶囊剂的质量评价。

(3)熟悉胶囊填充机及胶囊套合机的使用方法。

二、实验指导

硬胶囊剂是将一定量的药物(或药材提取物)加适宜的辅料制成均匀的粉末或颗粒，填装于空心硬胶囊中而制成。

硬胶囊剂的制备工艺如下。①物料的处理和填充：药物的填充形式包括粉末、颗粒、微丸等，填充方法有手工填充和机械灌装两种。硬胶囊剂制备的关键在于药物的填充，以保障药物剂量均匀，装量差异合乎要求。药物的流动性是影响填充均匀性的主要因素，对于流动性差的药物，需加入适宜辅料或制成颗粒以增加流动性，减少分层。②胶囊规格的选择与套合：空胶囊共有 8 种规格，常用的为 0～5 号，一般先测定待填充物料的松密度，然后按药物规定剂量所占容积选择最小空胶囊，填充后，即可套合胶囊帽。硬胶囊剂少量制备时，一般选用胶囊板用手工填充，大生产时则采用胶囊填充机进行机械灌装。

制成的硬胶囊需按照《中国药典》规定的胶囊剂质量标准进行检查。检查的项目除胶囊外观应整洁，不得有黏结、变形和破裂现象外，必须检查装量差异和崩解时限。有的胶囊剂在《中国药典》中还规定检查溶出度，并明确凡检查溶出度的胶囊剂，不再检查崩解时限。溶出度、崩解时限和装量差异检查见《中国药典》2010 版二部附录。

三、实验仪器与材料

(1)仪器与器皿：电子天平、V 型混合机、摇摆式制粒机、100 目筛、14 目药筛、烘箱、胶囊套合机和铝塑包装机等。

(2)材料与试剂：阿司匹林、淀粉、柠檬酸、0 号空胶囊等。

四、实验内容与操作

(一)胶囊剂的制备

(1)阿司匹林颗粒的制备：按照“实验十阿司匹林颗粒剂的制备及质量评价”制备阿司匹林颗粒。

(2)阿司匹林胶囊填充：用胶囊套合机将颗粒装入 0 号空胶囊中。

(3)用铝塑包装机包装胶囊。

(二)质量检查

1. 外观

观察胶囊剂的表面是否光滑、整洁，不得粘连、变形和破裂，无异臭。

2. 装量差异检查

取供试品 20 粒，分别精密称定质量后倾出内容物(不能损坏囊壳)，硬胶囊壳用小刷或其他适宜的用具(如棉签等)擦净，再分别精密称定囊壳重量。求得每粒内容物装量与平均装量。每粒装量与平均装量相比较，超出装量差异限度的不得多于 2 粒，并不得有 1 粒超出限度 1 倍(表 3-7)。

表 3-7 硬胶囊装量差异规定

平均装量	装量差异限度
0.3g 以下	±10%
0.3g 及 0.3g 以上	±7.5%

3. 崩解时限

取供试品 6 粒，按片剂的装置与方法(如胶囊漂浮于液面，可加挡板)检查。硬胶囊应在 30min 全部崩解。如有 1 粒不能完全崩解，应另取 6 粒复试，均应符合规定。

五、实验结果与讨论

(1)阿司匹林胶囊质量检查(表 3-8)。

表 3-8　阿司匹林胶囊的质量检查结果

	结果	结论
外观		
装量差异		
崩解时限		

(2)阿司匹林胶囊含量的测定：从胶囊中取出阿司匹林颗粒，按照“实验十阿司匹林颗粒剂的制备及质量评价”中阿司匹林颗粒的含量测定方法进行。

【思考题】

(1)使用胶囊套合机应注意的问题有哪些?
(2)铝塑包装机的操作步骤有哪些?

实验十二　安乃近片的制备及质量评价

一、实验目的

(1)掌握片剂生产处方组成及各成分作用。
(2)掌握湿法制粒压片的工艺过程，了解片剂其他制备工艺方法。
(3)掌握片剂的质量检测方法及评价标准。
(4)熟悉压片机、片剂质量检测仪器设备的操作使用。

二、实验指导

片剂是指药物与适宜辅料混匀压制而成的圆片状或异形片状的固体制剂。片剂由药物和辅料两部分组成。压片所用的药物一般应具有良好的流动性和可压性，有一定的黏结性，遇体液能迅速崩解、溶出、吸收而产生应有的疗效。片剂常用辅料包括稀释剂、吸收剂、润湿剂、黏合剂、崩解剂和润滑剂及着色剂、香味剂等。稀释剂(或称填充剂)主要用来填充片剂的重量或体积，从而便于压片；黏合剂主要是使药物和辅料粉末结合起来；崩解剂是使片剂在胃肠液中迅速裂碎成细小颗粒的物质；润湿剂主要是把药物或辅料本身固有的黏性诱发出来以利于制粒；润滑剂主要是增加粉末流动性、防止原辅料粘于冲头表面和降低药片与冲模孔壁之间的摩擦力；吸收剂主要是吸收湿物料中的水分以利于制粒。

片剂的制备方法有制粒压片(分为湿法制粒和干法制粒)，粉末直接压片和结晶直接压片，以湿法制粒压片最为常见，传统湿法制粒压片的生产工艺过程如图 3-5 所示。

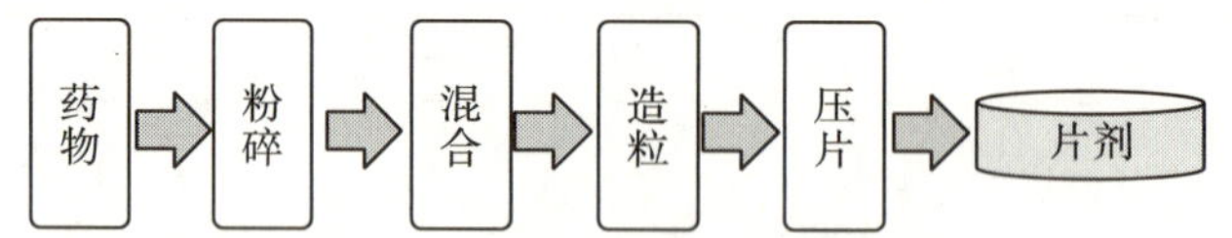

图 3-5 固体制剂制备工艺流程

片剂质量直接影响其药效和用药的安全性，因此，在片剂的生产过程中必须按照有关质量标准的规定进行检查。片剂的质量检查主要分为：外观、硬度与脆碎度、片重差异、含量均匀度、崩解时限、释放度与溶出度、微生物的限度等。

三、实验仪器与材料

(1)仪器与器皿：电子天平、V 型混合机、摇摆式制粒机、100 目筛、60 目筛、14 目筛快速整理机、片剂四用测定仪、压片机、筛片机、烘箱等。

(2)材料与试剂：安乃近、玉米淀粉、枸橼酸、盐酸、碘、碘化钾、硬脂酸镁等。

四、实验内容与操作

(一)安乃近片的制备

1. 处方

安乃近	50g
淀粉	10g
10%的淀粉浆	适量
硬脂酸镁	0.6g
枸橼酸	适量
制成	100 片

2. 制备

(1)10%淀粉浆的制备：将 0.2g 枸橼酸(或酒石酸)溶于约 20mL 纯化水中，再加入淀粉约 2g 分散均匀，加热糊化，制成 10%淀粉浆。

(2)过筛：分别将安乃近和淀粉过 100 目筛，硬脂酸镁过 60 目筛。

(3)混合：将按处方量称量的安乃近、淀粉加入混合机中，混合 3～5min，混合均匀后备用。

(4)制软材、制粒：将混匀后的物料加入 10%的淀粉浆，搅拌(或用手拿捏)制成适宜的软材，用制粒机过 14 目筛制成大小均匀的湿颗粒。

(5)干燥：将制备的湿颗粒放置于不锈钢盘(厚度以不超过 1cm 为宜)，在 60～80℃干燥 6～8h。

(6)整粒：将干燥好的颗粒取出，用快速整粒机整粒，要求颗粒均匀。

(7)总混：将整粒后的所有颗粒置混合机中加入处方量的硬脂酸镁进行总混 3～5min。

(8)压片：将总混后的颗粒物料用旋转式压片机或单冲压片机进行压片，制得安乃近片剂。

(二)片剂的质量检查

1. 性状

观察安乃近片剂的片型是否一致，色泽是否均匀，边缘是否整齐，有无松片、裂片现象。

2. 片剂重量差异

取供试品 20 片，精密称定总重量，求得平均片重后，再分别精密称定每片的重量，每片重量与标示片重相比较(凡无标示片重的应与平均片重相比较)，超出限度的不得多于 2 片，并不得有 1 片超出限度 1 倍。

3. 崩解时限

照崩解时限检查法(《中国药典》2010 年版二部附录Ⅻ A)用片剂四用测定仪中的吊篮法进行测定。方法如下：取药片 6 片，分别置于吊篮的有机玻璃或塑料管中，每管各加 1 片，开动仪器使吊篮浸入(37±1.0)℃的水中，按一定的频率(30～32 次/min)和幅度[(55±2)mm]往复运动。从片剂置于有机玻璃或塑料管开始计时，至片剂破碎并全部固体粒子都通过有机玻璃或塑料管底部的筛网(ϕ2mm)为止，该时间即为该片剂的崩解时间，应符合规定崩解时限(一般压制片为 15min)。如有 1 片不符合要求，应另取 6 片复试，均应符合规定。

4. 硬度检查

采用片剂四用测定仪进行测定，方法如下：将药片径向固定在两横杆之间，其中的活动柱杆借助弹簧沿水平方向对片剂径向加压，当片剂破碎时，活动柱杆的弹簧停止加压，仪器刻度盘所指示的压力即为片子的硬度。

测定 6 片，取平均值。

5. 脆碎度

采用片剂四用测定仪进行测定。方法如下：片重为 0.65g 或以下者取若干片，使其总重约为 6.5g。用吹风机吹去脱落的粉末，精密称重，置圆筒中，转动 100 次。取出，同法除去粉末，精密称重，减失质量不得超过 1%，且不得检出断裂、龟裂及粉碎的片。本试验一般仅做 1 次。如减失质量超过 1%，可复检 2 次，3 次的平均减失质量不得超过 1%，并不得检出断裂、龟裂及粉碎的片。

6. 含量测定

取本品 10 片，精密称定，研细，精密称取适量(约相当于安乃近 0.3g)，加乙醇与 0.01mol/L 盐酸溶液各 10mL 使安乃近溶解后，立即用碘滴定液(0.1mol/L)滴定(控制滴定的速度为每分钟 3～5mL)，至溶液所显的浅黄色(或带紫色)在 30s 内不褪。1mL 碘滴定液(0.05mol/L)相当于 16.67mg 的 $C_{13}H_{16}N_3NaO_4S \cdot H_2O$。

五、实验结果与讨论

(1)记录制备的片剂质量检查结果(表 3-9)。

表 3-9 安乃近片剂质量检查结果

序号	项目名称	质量检测结果(合格与否)	质量不合格的可能原因
1	性状		
2	鉴别		
3	质量差异		
4	崩解时限		
5	硬度		
6	脆碎度		

(2)记录碘滴定液的用量，计算每片中安乃近的含量。

【思考题】

(1)片剂处方主要由哪些成分组成？
(2)片剂的制备方法有哪些，各有何优缺点？
(3)湿法制粒压片要注意哪些问题？
(4)片剂要符合哪些质量要求，常规的质量检查项目有哪些？
(5)片剂质量不合格的主要影响因素有哪些？

实验十三　苏冰滴丸的制备及质量评价

一、实验目的

(1)掌握滴制法的原理和操作要点。

(2)熟悉滴丸的常用基质和冷凝介质。

(3)熟悉滴丸质量的评价方法。

(4)了解影响滴丸质量的因素。

二、实验指导

滴丸剂是指固体或液体药物与适宜的基质加热熔融混匀后，滴入不相混溶的冷凝液中，收缩冷凝而制成的球形或类球形制剂。滴丸基质和冷凝介质品种较少，常用基质有聚乙二醇类、泊洛沙姆、硬脂酸聚烃氧(40)酯、明胶、硬脂酸、单硬脂酸甘油酯、氢化植物油等。常用冷凝介质有液状石蜡、植物油、甲基硅油和水等。选用时要特别注意，冷凝介质应与基质不相混溶。

滴丸应圆整均匀，色泽一致，无粘连现象，表面无冷凝介质黏附。除另有规定外，滴丸剂应进行质量差异检查(单剂量包装滴丸剂进行装量差异检查)、溶散时限检查、微生物限度检查。

三、实验材料与仪器

(1)仪器与器皿：电子天平、滴丸机、崩解仪、滴丸专用吊篮等。

(2)材料与试剂：聚乙二醇(PEG)6000、苏合香脂、冰片、二甲硅油等。

四、实验内容与操作

(一)苏冰滴丸的制备

1. 处方

苏合香脂	10g
冰片	20g
PEG6000	70g

2. 制法

取苏合香脂、冰片、PEG6000，加至滴丸机的调料罐中，设置好仪器参数，以二甲硅油为冷凝介质，滴制滴丸，除去滴丸表面油迹，即得。

(二)滴丸的质量检查

1. 外观

观察制得的滴丸是否圆整均匀、色泽一致、无粘连现象、表面无冷凝介质。

2. 重量差异

取供试品 20 丸，精密称定总重量，求得平均丸重后，再分别精密称定每丸的重量。每丸重量与平均丸重相比较，按表 3-10 中的规定，超出重量差异限度的不得多于 2 丸，并不得有 1 丸超出限度 1 倍。

表 3-10 滴丸的重量差异

平均丸重	重量差异限度
0.03g 及 0.03g 以下	±15%
0.03g 以上至 0.1g	±12%
0.1g 以上至 0.3g	±10%
0.3g 以上	±7.5%

3. 溶散时限

将滴丸专用吊篮通过上端的不锈钢轴悬挂于金属支架上，浸入 1000mL 烧杯中，并调节吊篮位置使其下降时筛网距烧杯底部 25mm，烧杯内盛有温度为(37±1)℃的水(或规定的溶液)，调节液面高度使吊篮上升时筛网在液面下 15mm 处。

除另有规定外，取供试品 6 粒，分别置滴丸专用吊篮的玻璃管中，每管各加 1 粒，按以下方法检查，各粒均应在 30min 内全部溶散。如有 1 粒不能完全溶散，应另取 6 粒复试，均应符合规定。

五、实验结果与讨论

(1)评价制备的滴丸的外观。
(2)记录重量差异的检查结果，判断该滴丸的重量差异是否符合规定。
(3)记录溶散时限的检查结果，判断该滴丸的溶散时限是否符合规定。

【思考题】

(1)影响滴丸丸重的因素有哪些?
(2)滴丸如果出现不圆整、拖尾、粘连等现象，可能的原因有哪些?
(3)滴丸剂在目前的药学领域的应用有哪些?
(4)简述滴丸剂的操作步骤。

实验十四　克霉唑膜剂的制备及质量评价

一、实验目的

(1)掌握用匀浆制膜法(涂膜法)制备小批量膜剂的方法。

(2)熟悉常用成膜材料的性质和特点。

二、实验指导

膜剂是指药物溶解、分散或包裹于成膜材料中制成的单层或多层膜状制剂。膜剂只适用于剂量小药物，膜剂可供内服(如口服、口含、舌下)、外用(如皮肤、黏膜)、腔道用(如阴道、子宫腔)、植入或眼用等。

膜剂成型主要取决于成膜材料。常用的成膜材料有天然高分子物质，如明胶、阿拉伯胶、琼脂、海藻酸及其盐和纤维素衍生物等；合成高分子物质，常用的有丙烯类、乙烯类高分子聚合物，如聚乙烯醇(PVA)、聚乙烯醇缩乙醛、聚乙烯吡咯烷酮(PVP)、乙烯-乙酸乙烯共聚物(EVA)及丙烯酸树脂类等。其中最常用的成膜材料为聚乙烯醇。

膜剂的制备方法有流延成膜法、压-融成膜法和复合制膜法等，工业大生产可使用涂膜机，采用流涎成膜法来制备。本实验小量制备膜剂可采用刮板法，即选用大小适宜、表面平整的玻璃板，洗净，擦干，撒上少许滑石粉(或涂上少许液状石蜡等其他脱膜剂)，用洁净纱布擦去。然后将浆液倒上，用有一定间距的刮刀(或玻璃棒)将其刮平后置一定温度的烘箱中干燥即可。

三、实验仪器与材料

(1)仪器与器皿：电子天平、磁力搅拌器、烘箱、80 目筛网、崩解仪等。

(2)材料与试剂：克霉唑、聚乙烯醇 05-88(PVA 05-88)、甘油、乙醇等。

四、实验内容与操作

(一)克霉唑膜剂的制备

1. 处方

克霉唑	27g
PVA 05-88	61g
甘油	13g
纯化水	至 300mL

2. 制备

(1)玻璃板脱膜剂：玻璃板以75%乙醇涂擦一遍，趁湿铺上一张两边宽于玻璃板的聚乙烯薄膜(即一般食品袋保鲜膜)，驱除残留气泡，使薄膜紧密、平展地贴于玻璃板上，再把两边宽出部分贴在玻璃板反面，使薄膜固定即可用于制备药膜。

(2)取PVA，用纯化水浸泡溶胀后于80～90℃水浴上加热使溶，加入甘油，搅匀，溶液趁热用80目筛网过滤后，置30～40℃水浴上保温30min除气泡，加入溶于克霉唑乙醇溶液(克霉唑用少量乙醇溶解)，然后降温至50～60℃，缓慢搅拌0.5h。

(3)趁热将其涂布于铺有脱膜剂的玻璃板上，厚度约0.3mm，将其晾干或低温烘干(也可以于90℃烘0.5h)，起膜，将膜切割成每张4cm×4cm大小，封装于塑料袋中，即得。

(二)膜剂的质量检查

1. 性状

按照《中国药典》2010年版二部附录Ⅰ M要求评价。

2. 重量差异

按照《中国药典》2010年版二部附录Ⅰ M要求评价。取膜20片，分别精密称定，每片重量与平均重量比较，超过重量差异限度的膜片不得多于2片，并不得有1片超过限度的1倍(表3-11)。

表3-11 膜剂的质量差异

平均重量	重量差异
0.02g以下或0.02g	±15%
0.02g以上至0.2g	±10%
0.2g以上	±7.5%

3. 溶化时限

取本品，剪取6片1cm大小的薄膜，分别用两层筛孔内径为2.0mm的不锈钢丝夹住，按《中国药典》2010年版二部附录Ⅹ A崩解时限检查法中片剂项下所列方法检查，结果在15min内全部溶化，并通过筛网。

五、实验结果与讨论

记录制备的膜剂质量检查(表3-12)。

表 3-12　膜剂质量检查结果

序号	项目名称	质量检测结果(合格与否)	质量不合格的可能原因
1	性状		
2	重量差异		
3	溶化时限		

【思考题】

(1)本处方中的甘油起什么作用？此外，膜剂中还可使用哪些辅料？它们各起什么作用？

(2)膜剂制备时，如何防止气泡的产生？

(3)膜剂的药物吸收途径是什么？

实验十五　樟脑软膏剂的制备及质量评价

一、实验目的

(1)掌握软膏的制备和检测方法。

(2)熟悉软膏剂的基质组成。

(3)了解樟脑软膏的特性。

二、实验指导

软膏剂是指药物与适宜基质制成的具有适当稠度的半固体外用制剂。它可在应用部位发挥疗效或起保护和滑润皮肤的作用，药物也可吸收进入体循环产生全身治疗作用。

基质为软膏剂的赋形剂，它使软膏剂具有一定的剂型特性且影响软膏剂的质量及药物疗效的发挥，基质本身又有保护与润滑皮肤的作用。软膏基质根据其组成可分 3 类：油脂性、乳剂型和水溶性基质。用乳剂型基质制备的软膏剂亦称乳膏剂，W/O 型又称霜剂。

软膏剂可根据药物与基质的性质用研和法、熔和法和乳化法制备，固体药物可用基质中的适当组分溶解，或先粉碎成细粉(按《中国药典》2010 年版二部)与少量基质或液体组分研成糊状，再与其他基质研匀。所制得的软膏基质均匀、细腻，具有适当的黏稠性，易涂于皮肤或黏膜上且无刺激性。软膏剂在存放过程中应无酸败、异臭、变色、变硬、油水分离等变质现象。

就治疗而言，首要条件是混合在软膏基质中的药物需以适当速度和足够的量释放到达皮肤表面，因此，药物自软膏基质中的释放是影响软膏剂作用的重要因素，可以通过研究药物从基质中的释放来评价软膏基质的优劣。

三、实验仪器与材料

(1)仪器与器皿：电子天平、水浴锅、软膏板、软膏刀、紫外分光光度计、透皮扩散仪等。

(2)材料与试剂：樟脑、凡士林、液状石蜡、羧甲基纤维素钠(CMC-Na)、甘油、苯甲酸钠、白凡士林、十八醇、单硬脂酸甘油酯、十二烷基硫酸钠、甘油、尼泊金乙酯、固体石蜡、司盘80、乳化剂OP、乙醇等。

四、实验内容与操作

(一)油脂性基质软膏

1. 处方

樟脑	0.5g
凡士林	10g
液状石蜡	2.5g

2. 制备

取研细的樟脑置于研钵中，加入适量液状石蜡研成糊状，分次加入凡士林，研匀即得。

(二)水溶性基质软膏

1. 处方

樟脑	0.5g
羧甲基纤维素钠	0.6g
甘油	1g
苯甲酸钠	1g

2. 制备

取羧甲基纤维素钠置于研钵中，加入甘油研匀，然后边研边加入溶有苯甲酸钠的水溶液(1g苯甲酸钠溶于8.4mL水中)，羧甲基纤维素钠完全均匀分散，即得水溶性基质。取研细的樟脑置于软膏板上，分次加入制得的水溶性基质搅拌均匀即得。

3. 注意事项

用CMC-Na等高分子物质制备溶液时，可先将CMC-Na撒在水面上，放置数小时，切忌搅动，慢慢吸水充分膨胀后，再加热即溶解。若因搅动使其成团，水分子难以进入从而导致很难溶解。若先用甘油研磨而分散开后，再加水时则不结成团块，会很快溶解。

（三）O/W型基质乳膏

1. 处方

樟脑	0.5g
凡士林	1.2g
十八醇	0.8g
单硬脂酸甘油酯	0.2g
十二烷基硫酸钠	0.1g
甘油	0.7g
尼泊金乙酯	0.02g
纯化水	至10mL

2. 制备

取十八醇、单硬脂酸甘油酯、白凡士林置蒸发皿中，于水浴中加热至70～80℃，搅拌使其熔化，为油相；另取十二烷基硫酸钠、甘油、尼泊金乙酯、纯化水置烧杯中，于水浴上加热至70～80℃，搅拌混匀，为水相；在同温下，将水相以细流加到油相中，并于水浴上不断顺向搅拌至呈乳白色半固体状，再于室温下搅拌至近冷凝；取研细的樟脑置软膏板中，分次加入制得的O/W型乳剂基质，搅拌均匀即得。

3. 注意事项

(1)采用乳化法制备乳剂型基质时，油相和水相混合前应保持温度约80℃，然后将水相缓缓加到油相溶液中，边加边不断快速顺向搅拌，使制得的基质细腻。

(2)设计乳剂基质处方时，有时加少量辅助乳化剂，可增加乳剂的稳定性，单硬脂酸甘油酯即为辅助乳化剂。

(3)决定乳剂基质类型的主要因素是乳化剂的类型，但还应考虑处方中无机盐及油、水两相的量。例如，油酸钠是O/W型乳化剂，基质中如加有氯化钙时，油酸钠遇氯化钙后生成油酸钙，变为W/O型乳化剂，乳化剂则由O/W型变为W/O型。

（四）W/O型基质乳膏

1. 处方

樟脑	0.5g
固体石蜡	1g

司盘 80	0.05g
单硬脂酸甘油酯	0.2g
白凡士林	1.2g
乙泊金乙酯	0.01g
液状石蜡	5g
乳化剂 OP	0.05g
纯化水	至 10g

2. 制备

将单硬脂酸甘油酯、固体石蜡置于蒸发皿中，于水浴中加热熔化，再加入白凡士林、液状石蜡、司盘 80、乙泊金乙酯，加热完全熔化后混匀，保温 80℃；将同温的乳化剂 OP 水溶液加入上述油相溶液中、边加边不断顺向搅拌，至呈乳白色半固体状，即得 W/O 型乳剂基质；取樟脑置软膏板中，分次加入制得的 W/O 型乳剂基质，搅拌均匀即得。

（五）质量评价

采用透皮扩散仪测定并比较不同基质的软膏剂中药物的释放度。

1. 透皮扩散仪填装软膏剂操作

取已制备的 4 种樟脑软膏剂，分别填装于释放装置的供给池中（装填量约为 1.5cm 高），擦净池口边缘多余的软膏剂，池口用玻璃纸包扎，使玻璃纸无皱褶且与软膏紧贴无气泡，以保持固有释放面积。

将上述装有软膏剂的供给池置于接收池上（玻璃纸面朝向接收池，并放入小磁子），用夹子紧固两池后，将 37℃的释放介质纯化水装入接收池，排净气泡，并记录接收液的体积，将释放装置置于（37±1）℃的恒温水浴中，转速适宜（如 250r/min），分别于 10min、30min、60min、90min、120min 和 150min 取样，每次取出全部接收液（或定量吸取 5.0mL），并同时补加同体积的纯化水，测定释放液中樟脑的含量。

2. 含量测定

（1）标准曲线的制备：精密称取樟脑对照品适量，加乙醇并定量稀释成 1.0mL 中含有 1.0mg、2.0mg、5.0mg、10.0mg 和 15.0mg 的溶液，照紫外-可见分光光度法，在 289nm 测定吸光度，绘制标准曲线，得到回归方程。

（2）释放度的测定：将不同时间测定的樟脑的吸光度代入回归方程，计算樟脑释放度，绘制释放量-时间曲线。

五、实验结果与讨论

（1）观察描述 4 种软膏剂外观。

（2）将制备的各种软膏涂布于皮肤上，比较各类软膏的黏稠性、涂布性和洗脱性。

(3)测定樟脑标准溶液吸光度，绘制标准曲线，计算回归方程(表 3-13)。

表 3-13　樟脑的标准曲线

浓度/(mg/mL)	1.0	2.0	5.0	10.0	15.0
吸光度					
回归方程					

(4)各处方樟脑软膏的释放量，绘制释放量-时间曲线，讨论处方对释放量的影响(表 3-14)。

表 3-14　樟脑软膏的药物释放

取样时间/min	油脂性基质软膏		水溶性基质软膏		O/W 型基质乳膏		W/O 型基质乳膏	
	吸光度	累计释放百分率	吸光度	累计释放百分率	吸光度	累计释放百分率	吸光度	累计释放百分率
10								
30								
60								
90								
120								
150								

(5)讨论不同基质樟脑软膏剂处方中各组分的作用。

【思考题】

(1)如何判断乳剂型软膏的类型。
(2)油脂性、乳剂型和水溶性软膏基质的作用特点有哪些?
(3)影响软膏剂中药物释放的因素有哪些?

实验十六　聚维酮碘栓的制备及质量评价

一、实验目的

(1)掌握热熔法制备栓剂的工艺过程。
(2)熟悉置换价测定方法及应用。
(3)了解栓剂的质量评价方法。

二、实验指导

栓剂是指药物与基质均匀混合后制成的具有一定形状和适宜硬度的专供腔道给药的固体制剂。它在常温下应为固体，但遇体温时应能熔化或软化。栓剂既可以发挥局部作用，也可以发挥全身作用。目前，常用的栓剂有肛门栓(直肠栓)和阴道栓。肛门栓一般做成鱼雷形或圆锥形，阴道栓有球形、卵形、鸭舌形等形状。

栓剂的基本组成是药物和基质。常用基质可分为油脂性基质与水溶性基质两大类。油脂类基质，如可可豆脂、半合成脂肪酸甘油酯、氢化植物油等。水溶性基质，如聚乙二醇类、甘油明胶和聚氧乙烯硬脂酸酯(S-40)等。某些基质中还可加入表面活性剂使药物易于释放和被肌体吸收。

栓剂的制备方法有搓捏法、冷压法和热熔法 3 种。油脂性基质栓剂的制备可采用 3 种方法中的任何一种，而水溶性基质的栓剂多采用热溶法制备。热熔法制备栓剂的工艺流程如下：基质→熔化→加入药粉→灌模→冷却→削平→脱膜→质检→包装。

制备栓剂用的固体药物，除另有规定外，应为 100 目以上的粉末，为了使栓剂冷却后易从模型中推出，灌模前模型应涂润滑剂。水溶性基质涂油溶性润滑剂，如液状石蜡；油溶性基质涂水溶性润滑剂，如软皂乙醇液(由软皂、甘油各 1 份及 90%乙醇 5 份混合而成)。

不同的栓剂处方用同一模型制得的容积是相同的，但其重量则随基质与药物密度的不同而有差别。为了正确确定基质用量以保证剂量准确，常需预测药物的置换价。置换价(f)定义为主药的重量与同体积基质重量的比值。例如，碘仿与可可豆脂的置换价为 3.6，即 3.6g 碘仿和 1g 可可豆脂所占容积相等。由此可见，置换价即为药物的密度与基质密度的比值。所以，对于药物与基质的密度相差较大及主药含量较高的栓剂，测定其置换价尤具有实际意义。当药物与基质的密度已知时，可用下式计算：

$$f = \frac{\text{药物密度}}{\text{基质密度}}$$

当基质和药物的密度不知时，可用下式计算：

$$f = \frac{W}{G - (M - W)}$$

式中，W 为每枚栓剂中主药的重量，G 为每枚纯基质栓剂的重量，M 为每枚含药栓剂的重量。

根据求得的置换价，计算出每枚栓剂中应加的基质重量(E)为

$$E = G - \frac{W}{f}$$

值得注意的是，同一种药物针对不同的基质有不同的置换价，所以，谈及药物的置换价时应指明基质类别。

栓剂的质量评定内容，药典规定必须检查其质量差异、融变时限、外观、鉴别、含量、微生物限度等。

三、实验仪器与材料

(1)仪器与器皿：栓模、水浴锅、电子天平、100 目筛、融变时限测定仪等。

(2)材料与试剂：聚维酮碘、PEG1000、PEG4000、硫代硫酸钠、肥皂水等。

四、实验内容与操作

(一)聚维酮碘置换价的测定

以聚维酮碘为模型药物，测定 PEG1000 和 PEG4000 按照 1∶1比例制成的混合基质的置换价作为计算聚维酮碘栓剂处方混合基质的用量。

1. 纯基质栓的制备

分别称取 PEG1000 和 PEG4000 各 5.0g 置于蒸发皿中，水浴加热，待 2/3 基质熔化时停止加热，搅拌使全熔，待基质呈黏稠状态时，灌入已涂有润滑剂(肥皂水)的栓剂模型内，充分冷却凝固后削去模口上溢出部分，脱模，得到完整的纯基质栓数枚，称重，每枚纯基质的平均重量为 G(g)。

注意：①需常温冷却，时间约 20min，置于冰箱中会加快凝固但是会出现中空凹陷；②需及时用干纸巾擦拭净蒸发皿残留黏液，便于后面实验；③如果栓剂表面有较多润滑剂，称量前最好用纸巾吸去。

2. 含药栓的制备

分别称取 PEG1000 和 PEG4000 各 4.0g 置于烧杯中，于水浴上加热，待 2/3 基质熔化时停止加热，搅拌使全熔；称取过 100 目筛的聚维酮碘粉末 2.0g，分次加入熔化的混合基质中，不断搅拌使药物均匀分散，待此混合物呈黏稠状态时，灌入已涂有润滑剂的模型内，冷却凝固后削去模口上溢出部分，脱模，得到完整的含药栓数枚，称重，每枚含药栓的平均质量为 M(g)，其含药量 $W=M\cdot X\%$，其中，$X\%$为含药百分量。

3. 置换价的计算

将上述得到的 G、M、W 代入公式，计算聚维酮碘的处方所用 PEG1000 和 PEG4000 混合基质的置换价。

(二)聚维酮碘栓剂的制备

1. 处方

聚维酮碘	3.0g(每粒栓剂含聚维酮碘 0.15g)
PEG1000	适量
PEG4000	适量

制成圆锥形肛门栓　　20 枚
(PEG1000∶PEG4000 比例为 1∶1)

2. 计算

根据测得的聚维酮碘栓置换价计算聚维酮碘栓剂处方所需的 PEG1000 和 PEG4000 分别所需的用量。

3. 制备

称取计算处方量的 PEG1000 和 PEG4000 置于烧杯中，在水浴上热熔成熔融混合物，维持温度 70℃，在不断搅拌下加入聚维酮碘细粉，待完全混匀后注模，冷却凝固后削去模口溢出部分，脱模，得聚维酮碘栓剂。

(三)聚维酮碘栓剂的质量评价

按照《中国药典》2010 年版二部聚维酮碘栓的质量标准进行评价。

1. 外观性状(包括外表和内部)

聚维酮碘为棕红色栓，检查栓剂的外观是否完整，表面亮度是否一致，有无斑点和气泡。将栓剂纵向剖开，观察药物分散是否均匀。

2. 鉴别

取本品 1 粒，加水 20mL，振摇使溶解：①取溶液 1～5 滴，加纯化水 10mL 与淀粉指示液 1 滴，即显蓝紫色；②取溶液 10mL，置 50mL 锥形瓶中(瓶内径切勿玷污)，瓶口覆盖一张用淀粉指示液浸润的滤纸，放置 60min，不显蓝色。

3. 重量差异

按照《中国药典》2010 年版二部附录Ⅰ D 栓剂方法测定。取本品 10 粒，精密称定总重量，求得平均粒重后，再分别精密称定每一粒的重量。每粒重量与平均粒重相比，超出重量差异限度的栓剂不得多于 1 粒，并不得超出限度 1 倍(表 3-15)。

表 3-15　栓剂重量差异限度

平均质量	重量差异限度
1.0g 以下至 1.0g	±10%
1.0g 以上至 3.0g	±7.5%
3.0g 以上	±5%

4. 融变时限

按照《中国药典》2010 年版二部附录Ⅹ B 方法测定。分别取 3 批样品各 3 粒，照融变时限检查法(《中国药典》2010 年版二部附录Ⅹ B)检查。

5. 含量测定

取本品5粒，置烧杯中，加纯化水120mL，搅拌使聚维酮碘溶解，照电位滴定法(《中国药典》2010年版二部附录Ⅶ A)，用硫代硫酸钠滴定液(0.1mol/L)滴定。1mL硫代硫酸钠滴定液(0.1mol/L)相当于12.69mg的碘(I)。

6. 微生物限度

按照《中国药典》2010年版二部附录Ⅺ J方法测定。

五、实验结果和讨论

(1)记录制备的空白栓和含药栓质量，计算置换价。
(2)计算制备20粒栓剂所需基质的质量。
(3)记录栓剂的质量检查结果。

【思考题】

(1)热熔法制备聚维酮碘栓应注意什么问题?
(2)什么时候需计算置换价?置换价的计算还有哪些方法?
(3)讨论栓剂基质选择时应考虑的因素?

实验十七 包合物的制备及评价

一、实验目的

(1)掌握饱和水溶液法制备包合物的工艺及操作关键。
(2)掌握溶解度法验证包合物的机理及操作。
(3)熟悉收率、包合率的计算。

二、实验指导

包合物是指药物分子被包嵌于另一种物质分子的空穴结构内形成的包合体。药物经包合后，具有以下优点：①增加药物溶出度与生物利用度；②液体药物粉末化，防止挥发性成分的挥发；③掩盖不良臭味，降低刺激性；④提高药物稳定性；⑤调节释药速率，达到缓释效果。

目前最常用的包合材料是环糊精类。环糊精是一类由6～12个葡萄糖分子通过α-

1，4-糖苷键连接而成的环状低聚糖化合物，为中空圆筒状结构，其筒状结构内部显疏水性，开口处显亲水性。常见的环糊精有α、β、γ 3 种，分别由 6、7、8 个葡萄糖分子构成。其中β-环糊精(β-CD)空洞大小合适，水中溶解度最小，易从水中析出结晶，口服毒性很低，因此应用最为广泛。

并非所有的药物均能制成包合物。包合物的形成依赖于主、客分子结构的大小。主分子应具有足够大的空穴和合适的形状，客分子的大小和形状应与主分子的空穴相适应。包合物的稳定性取决于主客分子间的范德华引力的强弱。

环糊精包合物制备方法有：饱和水溶液法、喷雾干燥法、冷冻干燥法、研磨法、混合溶剂法等。在制备时应根据环糊精和药物的性质，且结合实际生产条件选用。饱和水溶液法制备包合物的工艺流程如下：在 β-CD 的饱和水溶液中加入药物，搅拌混合 30min 以上(不溶性药物可先用少量有机溶剂溶解)→加入某些有机溶剂或降低温度使包合物析出→选择合适的溶剂洗涤，干燥。制备过程中包合温度、药物与 β-环糊精的配比、搅拌时间等因素均影响包合率，所以，应严格按实验要求操作。

包合物的验证主要是鉴别药物是否已被环糊精包入空穴及包合的方式，可采用显微镜、相溶解度法、X 射线衍射、红外光谱、核磁共振、差热分析、薄层色谱等一系列方法加以验证。

(1)溶解度法或溶出速率法：测定原料药和包合物的溶解度或溶出速率，包合物的溶解度或溶出速率高于原料药，说明包合成功。

(2)TLC 法：通过观察色谱展开后包合物中斑点的存在与否，斑点的位置及 Rf 值来判断包合物的形成。

包合物得率和包合率是评价包合效果的重要指标，其计算公式分别如下：

$$得率 = [包合物的质量 /(药物的投药量 + 环糊精的投药量)] \times 100\%$$

$$包合率 = (包合物中的药物量 / 药物的投药量) \times 100\%$$

三、实验材料与仪器

(1)仪器与器皿：恒温水浴磁力搅拌器、抽滤装置、真空水泵、离心机、烘箱、超声波清洗仪、紫外分光光度计、荧光灯、集热式磁力搅拌器、干燥器等。

(2)材料与试剂：姜黄素、β-环糊精、无水乙醇、乙醚、预制硅胶板、石油醚、乙酸乙酯、香荚兰醛、硫酸、95%乙醇、乙醚、0.45μm 微孔滤膜、薄荷油、具塞锥形瓶等。

四、实验内容与操作

(一)姜黄素包合物的制备(饱和水溶液法)

1. 处方

姜黄素	0.4g
β-环糊精	4g

95%乙醇　5mL
纯化水　至 50mL

2. 制备

(1)β-环糊精饱和水溶液：称取 β-环糊精 4g 于烧杯中，加水 50mL，60℃条件下加热搅拌，制成溶液。保温，备用。

(2)包合物的制备：将 0.4g 姜黄素用 40mL 无水乙醇溶解(必要时可加热、超声)，搅拌下滴加到环糊精饱和水溶液中，60℃条件下继续搅拌 2h，4℃冷却，待沉淀完全析出后，抽滤，5mL 乙醚分 3 次洗涤沉淀，60℃干燥，即得，称重。

3. 验证(溶解度法)

(1)标准曲线的制备：精密称取 10.0mg 姜黄素，95%乙醇定容至 100.0mL，得储备液。分别吸取 1.0mL、0.50mL、0.250mL、0.10mL、0.050mL 储备液，95%乙醇定容至 10.0mL，得不同浓度的标准溶液。各标准溶液于 420nm 测定吸光度，以吸光度为纵坐标，浓度为横坐标，绘制标准曲线，计算回归方程。

(2)溶解度测定：分别取过量姜黄素原料药和包合物，加纯化水 8.0mL，涡旋混合 10min，5000r/min 离心 10min，取上清液于 420nm 测定吸光度，计算溶解度(包合物的吸光度如果超出线性范围，需稀释一定倍数)。

4. 得率和包合率

(1)精密称定收得的包合物的质量，计算得率。

(2)精密称取一定量的包合物(约 10.0mg)，用 95%的乙醇定容至 50.0mL，0.45μm 的微孔滤膜过滤，取滤液于 420nm 测定吸光度(必要时可稀释一定倍数)，计算包合率。

(二)薄荷油 β-环糊精包合物

1. 处方

β-环糊精　8g
薄荷油　2mL
纯化水　至 100mL

2. 制法

(1)称取 β-环糊精 8g，置 250mL 具塞锥形瓶中，加入纯化水 100mL，加热溶解。

(2)降温至 50℃时，加入薄荷油 2mL，恒温搅拌 2.5h，冷藏 24h，待沉淀完全后，过滤。

(3)用无水乙醇 5mL 洗涤 3 次，至沉淀表面近无油渍，将包合物置干燥器中干燥，即得。

3. 验证（薄层色谱法）

(1)硅胶G板的制作：将硅胶G和3g/L羧甲基纤维素钠水溶液按1g∶3mL的比例，调匀，铺板，110℃活化1h，备用。

(2)样品的制备：取薄荷油β-环糊精包合物0.5g，加入95%乙醇2mL溶解，过滤，滤液为样品a；取薄荷油2滴，加95%乙醇2mL混合溶解，为样品b；取薄荷油2滴，β-环糊精0.5g，加入95%乙醇2mL溶解，过滤，滤液为样品c。

(3)TLC条件：取样品a、b、c点于同一硅胶板上，含15%石油醚的乙酸乙酯为展开剂，展开前将薄层板置展开槽中饱和5min，斜行展开，以1%香荚兰醛硫酸液为显色剂，喷雾烘干显色。

五、实验结果与讨论

(1)评价制得的包合物的外观。

(2)记录包合物的验证结果，分析是否包合成功。

(3)计算包合物的得率、包合率。

【思考题】

(1)包合物有哪些特点？是否所有的药物都可制成包合物？为什么？

(2)环糊精有哪几种类型，较常用的环糊精衍生物有哪些？

(3)试述包合物增溶的原理？

(4)包合物中药物包合率主要与哪些因素有关？如何提高包合率？

(5)结合查阅的文献资料，试考虑利用新剂型与新技术对制备的包合物进行开发利用？

实验十八　固体分散体的制备及评价

一、实验目的

(1)掌握熔融法、溶剂法制备固体分散体的工艺流程和操作。

(2)熟悉固体分散体的鉴别方法。

(3)了解固体分散体常用的载体材料。

二、实验指导

固体分散体是药物与载体形成的以固体形式存在的分散系统。固体分散体具有以下优点：①提高水难溶性药物的生物利用度；②控制药物释放；③提高药物稳定性；④掩盖药物的不良气味和刺激性；⑤液体药物固体化。药物制备成固体分散体后可根据需要再制成适宜剂型，如胶囊剂、片剂、软膏剂、栓剂、滴丸剂等。

固体分散体的载体材料可分为水溶性、难溶性和肠溶性三大类。常用的水溶性载体材料有：聚乙二醇(PEG)、聚乙烯吡咯烷酮(PVP)、泊洛沙姆188(pluronic F68)等，多用于制备速释型固体分散体。难溶性载体是制备缓释型固体分散体的常用材料，包括乙基纤维素(EC)、含季铵基团的丙烯酸树脂(Eudragit E、RL、RS等)、棕榈酸甘油酯、巴西棕榈蜡等。肠溶性载体一般选用乙酸纤维素酞酸酯(CAP)、羟丙甲纤维素酞酸酯(HPMCP)、聚丙烯树脂(Eudragit L、Eudragit S)等。载体材料在使用时可根据制备目的选择单一载体或混合使用载体。

固体分散体的制备方法有熔融法、溶剂法、溶剂-熔融法、研磨法、溶剂喷雾干燥法或冷冻干燥法。其中，熔融法是指将载体加热(水浴或油浴)至熔融后加入药物搅匀，迅速冷却成固体，再将该固体在一定温度下放置使成为易碎物，适用于熔点较低的载体材料，如聚乙二醇类。溶剂法又称共沉淀法，是将药物与载体共同溶解于有机溶剂中，再蒸去溶剂，使药物与载体材料同时析出，经干燥得到固体分散体，适合于易溶于有机溶剂、熔点较高的载体材料，如PVP、EC。

药物与载体是否形成固体分散体及药物的分散状态可通过溶出速度、平衡溶解度、熔点的测定、X射线衍射、差热分析及偏光显微镜等方法验证。

三、实验仪器与材料

(1)仪器与器皿：蒸发皿、干燥器、冰箱、热分析仪、X射线衍射仪、电子天平、布氏漏斗、集热式磁力搅拌器、80目筛网等。

(2)材料与试剂：姜黄素原料、PGE6000、PVPK30、无水乙醇、硅胶等。

四、实验内容与操作

(一)姜黄素-PEG6000固体分散体的制备

1. 处方

	1	2	3
姜黄素	0.2g	0.2g	0.2g
PEG6000	0.2g	0.6g	1.2g

2. 制备

称取处方量的PEG6000，置蒸发皿内，在80～90℃水浴上加热溶解，加入姜黄素，搅拌均匀，铺平，迅速放入－20℃的冰箱中冷却30min，取出，置硅胶干燥器内恢复至室温、粉碎，过80目筛，即得。

（二）姜黄素-PVPK30固体分散体的制备

1. 处方

	1	2	3
姜黄素	0.2g	0.2g	0.2g
PVPK30	0.2g	0.6g	1.2g

2. 制备

称取处方量的PVPK30，置蒸发皿内，加入无水乙醇20mL，70℃恒温水浴加热熔融后，加入姜黄素，搅拌使溶解，在搅拌下快速蒸去溶剂，取下，置硅胶干燥器内干燥、粉碎，过80目筛，即得。

（三）固体分散体的物相鉴别

1. 测试样品的准备

（1）制得的固体分散体。

（2）姜黄素原料。

（3）载体材料。

（4）原料药与载体材料的物理混合物（取载体材料与姜黄素原料药，按固体分散体的制备比例称量，置蒸发皿内混匀，即得）。

2. DSC分析

分别按以下条件对4个样品进行DSC分析。工作条件：升温范围为40～240℃；升温速率为10℃/min；参比物为空铝坩埚；气氛为氮气（质量分数为99.99%）。

3. X射线衍射

分别按以下条件对4个样品进行X射线衍射分析。工作条件如下：Cu靶/石墨单色器，管压为36V，管流为20mA，步宽为0.01°，扫描速度为2°/min，采样时间为1s，扫描范围为5°～40°。

五、实验结果和讨论

（1）描述制得固体分散体的外观形状，计算收率。

(2)记录并分析 DSC 图谱，确定固体分散体中姜黄素的物相。

(3)记录并分析 X 射线衍射图谱，确定固体分散体中姜黄素的物相。

【思考题】

(1)固体分散体可分为几种？其提高难溶性药物和生物利用度的机理有哪些？

(2)药物与载体的比例是否会对固体分散体的形成产生影响？为什么？

(3)物理混合物与共沉淀物的熔点及溶出速度是否一样？为什么？

实验十九　微囊的制备及粒径测定

一、实验目的

(1)掌握复凝聚法制备微囊的原理、工艺及其操作要点。

(2)熟悉微囊的质量要求及粒径测定方法。

(3)了解微囊的成囊条件、影响因素及控制方法。

二、实验指导

微型胶囊，简称微囊，系利用天然的或合成的高分子材料为囊材，将固体或液体药物(囊心物)包囊而成的封闭微小胶囊。制备微囊的技术称微型包囊术，简称微囊化。药物微囊化后，具有以下特点：①掩盖药物的不良气味；②提高药物的稳定性；③防止药物在胃肠道失活，减少药物对胃肠道的刺激；④缓控释；⑤靶向；⑥液体药物固体化。

制备微囊的方法有物理化学法、化学法和物理机械法三大类。制备时可根据药物和囊材的性质及制备条件的不同而加以选择。其中物理化学法中的单凝聚法和复凝聚法应用较广泛，是水不溶性固体或液体药物制备微囊常选用的方法。

复凝聚法是利用两种具有相反电荷的高分子材料为囊材，将囊心物分散(混悬或乳化)在囊材的水溶液中，在一定条件下，相反电荷的高分子互相交联形成复合物，囊材溶解度降低而从溶液中凝聚析出成囊的方法。

以明胶和阿拉伯胶作囊材，其复凝聚成囊的机理如下：明胶分子结构中的氨基酸在水溶液中可以解离形成—NH_3^+和—COO^-。pH 低时，—NH_3^+的数目多于—COO^-，pH 高时，—COO^-数目多于—NH_3^+，在两种电荷相等时的 pH 即为等电点。pH 在等电点以上明胶分子带负电，在等电点以下带正电。在水溶液中阿拉伯胶分子仅解离形成—COO^-，带负电。将明胶溶液和阿拉伯胶溶液混合后，调节 pH 为 4～4.5 时，带正电的明胶与负电的阿拉伯胶结合成不溶性复合物，凝聚形成微囊。其制备流程如下：

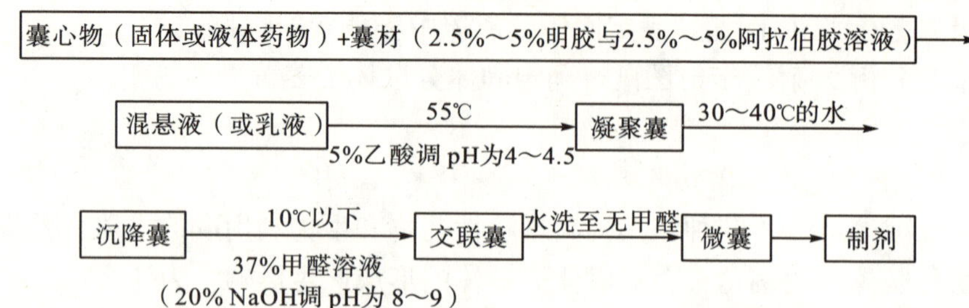

微囊的质量评价包括形状与粒径、药物含量、药物释放速度等。首先，制备微囊所用囊材品种、浓度、pH、制备温度及搅拌速度等因素对成囊过程和囊粒质量均有重要影响，因此，在制备时应严格控制成囊条件。其次，固化剂的品种、用量及 pH 等因素，对囊膜的固化程度和强度也有重要影响。

三、实验仪器与材料

(1)仪器与器皿：恒温磁力搅拌器、显微镜、pH 计、抽滤装置、烘箱、激光粒度分析仪等。

(2)材料与试剂：大蒜油、明胶、阿拉伯胶、液状石蜡、甲醛、乙酸、氢氧化钠、淀粉等。

四、实验内容与操作

(一)液状石蜡微囊

1. 处方

液状石蜡	5g
阿拉伯胶	5g
明胶	5g
甲醛溶液	2.5mL
乙酸溶液	适量
氢氧化钠溶液	适量

2. 制法

(1)明胶溶液的制备：明胶加水约 50mL，置于 50℃水浴中加热，开始不要搅拌，待溶胀后再搅拌，直至呈透明状，加水至 60mL，搅拌溶解完全，50℃保温备用。

(2)液状石蜡乳状液的制备：将液状石蜡与阿拉伯胶置于干研钵中，研匀，加入 6mL 纯化水，迅速用力朝同一方向研至稠膏状，再加纯化水 54mL，研匀(注意：此时水面上不应有明显的油滴，否则，乳化失败)。加上述明胶溶液，混匀。

(3)成囊：上述液体转至 500mL 烧杯中，置于约 50℃的水浴中，搅拌下加稀乙酸溶液调 pH 在 4 以下(pH 3.2～3.8 为宜)。

(4)稀释：再加约 30℃的纯化水 240mL，搅拌均匀。

(5)固化：取出烧杯，冰浴中不停搅拌至 10℃以下，加甲醛适量，搅拌 15min，用 20%的 NaOH 调 pH 约为 9，继续搅拌至微囊沉降完全。

(6)过滤与干燥：将烧杯静置，抽滤，用纯化水洗涤至无甲醛气味，pH 呈近中性，抽干即得。也可加入 6%的淀粉(或糊精)制软材，过 16 目筛制粒，50℃以下干燥得微囊颗粒，称重，计算收率。

(二)大蒜油微囊

1. 处方

大蒜油	1g
阿拉伯胶粉	0.5g
3%阿拉伯胶液	30mL
3%明胶液	40mL
甲醛	适量
淀粉	适量

2. 制法

(1)取阿拉伯胶 1.5g 加纯化水 50mL，冷浸片刻，置 70℃左右水浴中，不断搅拌至溶解，精制棉过滤，备用；另取 A 型明胶 1.5g，加纯化水 50mL，冷浸片刻，水浴加热使溶。

(2)取阿拉伯胶 0.5g 置研钵中，加大蒜油 1g，研匀，再加纯化水 1mL 迅速研磨制成初乳，并以 3%阿拉伯胶液 34mL 稀释成乳剂。

(3)将大蒜油乳剂转移至 250mL 烧杯中，边加热边搅拌，待温度升至 45℃时缓缓加入 3%明胶液 40mL(预热至 45℃)，在 43～45℃继续搅拌，并用 10%乙酸调 pH 为 4.1～4.3。显微镜下可观察到乳滴外包有凝聚的膜层。

(4)加入温度比其稍低的纯化水 150mL，继续搅拌。待温度降到 30℃以下时移至冰水浴继续搅拌。

(5)加入 37%的甲醛溶液 1mL，继续搅拌 20min 使微囊固化，再用 5%氢氧化钠调 pH 为 7.0～7.5，使凝胶网孔结构孔隙缩小，再搅拌 30min。显微镜观察并测定大小。

(6)加入 10%淀粉混悬液 4mL，使淀粉充分散开，在微囊间形成隔离层，10℃左右再搅拌 1h。

(7)滤取微囊，洗涤，尽量除去水分，加入适量淀粉，二号筛制颗粒，60℃干燥。

(三)微囊的粒径测定

1. 光学显微镜法

光学显微镜观察微囊的形态并拍摄照片，人工计数 200 个微囊的粒径。

2. 激光粒度分析仪法

用激光粒度分析仪直接测定微囊的粒径及其分布。

称制备的微囊样品1g，悬浮于10mL纯化水中，超声波分散后，用激光粒度分析仪测定粒径。

五、实验结果和讨论

(1)用显微镜观察各步操作制得的液滴或微囊的形态、大小、分散是否均匀、囊壁的厚薄，记录图片。

(2)计算微囊的粒径，绘制粒径分布图。

【思考题】

(1)试述复凝聚法制备微囊的机理及操作关键。

(2)试述复凝聚法制备微囊时两次调pH、加甲醛、加水稀释、搅拌的目的。

(3)影响微囊粒径的因素有哪些?

实验二十　微球的制备及载药量测定

一、实验目的

(1)掌握乳化-交联法制备微球的工艺流程和操作。

(2)掌握微球载药量的测定方法。

(3)熟悉微球的常用载体材料。

二、实验指导

微球是指将药物溶解和/或分散在高分子材料基质中形成的骨架型(亦称基质型)微小球状实体，一般制备成混悬剂供注射或口服用。微球粒径范围一般为1～500μm。药物制备成微球后，往往具有了较好的缓释作用和一定的靶向作用。

制备微球的载体材料很多，主要分为天然高分子微球和合成聚合物微球，前者如淀粉微球、白蛋白微球、明胶微球、壳聚糖等，后者如聚乳酸微球。

根据载体材料的性质、微球释药性能及临床给药途径可选择不同的微球制剂的制备方法。目前，微球制剂常用的制备方法主要有乳化-化学交联法、乳化-加热固化法、乳化-溶剂蒸发法、喷雾干燥法4种。乳化-化学交联法是利用带有氨基的高分子材料易和其他化合物相应的活性基团发生反应的特点，交联制得微球。这些高分子材料包括明胶、淀粉、壳聚糖等。乳化-加热固化法是利用蛋白质遇热变性的性质制备微球，将含药白蛋白水溶液缓慢滴入油相中乳化，再将乳浊液滴入已经预热至120～180℃的油中，搅拌固化、分离、洗涤，即得微球。液中干燥法(乳化-溶剂蒸发法)是将不相混溶的两相通过机械搅拌或超声乳化方式制成乳剂，内相溶剂挥发除去，成球材料析出，固化成微球。常用于聚乳酸(PLA)、聚乳酸-乙醇酸共聚物(PLGA)等聚-羟基酸类微球的制备。喷雾干燥法以白蛋白为材料，将药物分散在材料的溶液中，再用喷雾法将此混合物喷入热气流中使液滴干燥固化得到微球。此法已成功用于白蛋白微球的制备，方法简便快捷，药物几乎全部包裹于微球中，是微球制备工业化最有希望的途径之一。

微球的质量评价包括形态及粒径、载药量、释药速率等。其中，载药量(%)=(微球中的药物含量/微球重量)×100%。

三、实验仪器与材料

(1)仪器与器皿：电子天平、磁力搅拌器、紫外分光光度计、超声波细胞破碎仪、离心机、抽滤装置、超声波清洗仪、烘箱等。

(2)材料与试剂：黄连素原料、壳聚糖、吐温80、司盘80、液状石蜡、戊二醛、冰醋酸、盐酸、石油醚、丙酮、无水乙醇等。

四、实验内容与操作

(一)黄连素-壳聚糖微球的制备

(1)称取0.1g壳聚糖，加2%冰醋酸溶液10mL，溶解，再加入10mg黄连素，超声分散均匀，用作水相。

(2)配制50mL含2%乳化剂(司盘80∶吐温80=1∶1)的液状石蜡溶液，用作油相。

(3)搅拌条件下，将水相用注射器逐滴加入到油相中，继续搅拌30min，形成W/O型乳液。

(4)逐滴加入25%戊二醛0.2mL，继续搅拌1h，静置使微球沉淀。

(5)抽滤收集微球，分别用少量石油醚、丙酮、无水乙醇洗涤微球，转移微球于滤纸上45℃干燥，即得。

(二)微球载药量的测定

1. 标准曲线的制备

精密称取10.0mg黄连素，无水乙醇定容至100.0mL，得储备液。分别吸取1.20mL、0.60mL、0.40mL、0.20mL、0.10mL储备液，无水乙醇定容至10.0mL，得不同浓度的标准溶液。各标准溶液于347nm测定吸光度，以吸光度为纵坐标，浓度为横坐标，绘制标准曲线，计算回归方程。

2. 载药量的测定

(1)精确称取适量微球样品(约10mg)，加入5mL 0.1mol/L盐酸，探头超声(超声时间为2s，间隔2s，工作功率为600W，超声20次)。

(2)将超声分散液转移至25mL的容量瓶中，无水乙醇定容至25.0mL，5000r/min离心10min。

(3)取上清液，在347nm处测得吸光度值，计算载药量。

五、实验结果和讨论

(1)记录微球的外观。

(2)计算微球的载药量。

【思考题】

(1)乳化交联法制备微球的工艺流程是什么？操作时应注意什么？

(2)微球与微囊、纳米球的区别有哪些？

(3)微球的常用载体材料有哪些？分别常用什么方法制备其微球？

(4)试述微球的临床应用，举出2～3个实例。

(5)影响微球载药量的因素有哪些？

实验二十一　脂质体的制备及包封率的测定

一、实验目的

(1)通过脂质体的制备，掌握薄膜分散法制备脂质体的方法。

(2)熟悉脂质体包封率的测定方法。

(3)了解脂质体的结构特点及形成原理。

二、实验指导

脂质体或称类脂小球，系将药物包封于类脂质双分子层而形成的微型泡囊。脂质体根据结构的不同，主要分为3种：①单室脂质体，粒径0.02～0.08μm，球体只含有一层类脂质双分子层；②多室脂质体，粒径为1～5μm，球体是由被水膜隔开的几层类脂质双分子层；③大单室脂质体，粒径为0.1～1μm，比单室脂质体多包被10倍的药物。

脂质体的球体由磷脂和胆固醇分子构成，卵磷脂中磷脂分子结构含有一个磷酸基团和含氮的碱性(季铵盐)的亲水基团，还有两个较长的烃键，为亲油基团，因此，把磷脂等物质放入水中时，其亲水基团向两侧的水相，而亲油基团——烃键向内排列。脂质体中胆固醇与磷脂是共同构成细胞膜和脂质体的基础物质，胆固醇具有调节膜流动性的作用。

用磷脂与胆固醇作脂质体的膜材时，可将其溶于有机溶媒中，然后蒸发除去有机溶剂，使磷脂和胆固醇分子相互缔合，形成定向排列的双分子层组成的薄膜，将药物包在其中形成稳定的脂质体。

制备脂质体的方法很多，有薄膜分散法、超声波分散法、冷冻干燥法、高压乳匀法及溶剂注入法等。本实验采用薄膜分散法，此法适于实验室小量制备，操作简单。

三、实验仪器与材料

(1)仪器与器皿：电子天平、旋转蒸发仪、水浴振荡器、高速离心机、超声均质机、紫外分光光度计等。

(2)材料与试剂：氟康唑原料药、氟康唑对照品、卵磷脂、胆固醇、二氯甲烷、磷酸盐缓冲液、甲醇、盐酸等。

四、实验内容与操作

(一)氟康唑脂质体的制备

1. 处方

氟康唑	5mg
卵磷脂	47mg
胆固醇	18mg
0.01mol/L磷酸盐缓冲溶液(pH 6)	至20mL

2. 制备

称取处方量氟康唑、卵磷脂、胆固醇，加入5mL二氯甲烷使之溶解，将二氯甲烷溶液转移至茄形瓶中，于37℃真空蒸发除去有机溶剂，使在烧瓶内壁形成一均匀薄膜，加入磷酸盐缓冲液20mL，于水浴振荡器中37℃振摇2h，经超声均质机(600W，单次超声5s，间隔5s，共超声10次)处理后得到脂质体溶液。

(二)脂质体的包封率测定

取脂质体溶液适量，用高速离心机8000r/min离心20min，取上清液测定游离药物浓度，另取同样体积脂质体溶液，加甲醇破乳 8h，同条件离心，取上清液测定，得总的药物量，照紫外-可见分光光度法(《中国药典》2010 年版二部附录Ⅳ A)，在 261nm 的波长处测定吸光度；另取氟康唑对照品适量，精密称定，加盐酸溶液(9→1000)溶解并定量稀释制成 1mL 中约含 0.2mg 的溶液，摇匀，同法测定，计算，即得。

按下式计算包封率：

$$包封率(\%) = [(W_{总} - W_{游离}) / W_{总}] \times 100\%$$

式中，$W_{游离}$ 为未包入脂质体中的氟康唑量，$W_{总}$ 为投料量。

五、实验结果和讨论

(1)描述制备的脂质体的外观，观察放置 2h 后的变化。

(2)计算制备的脂质体的包封率。

【思考题】

(1)脂质体的性状与乳剂有何不同?

(2)在脂质体的制备中加入胆固醇的目的是什么?

(3)脂质体的结构与表面活性剂在溶液中形成胶团的结构有何不同?

第四章　设计性实验

实验二十二　利巴韦林注射用冻干粉针剂的制备及质量评价

一、实验目的

(1)掌握注射用冻干粉针剂的制备工艺设计。

(2)掌握注射用冻干粉针剂的处方筛选及质量评价。

(3)了解注射用无菌制剂的不同制备工艺。

二、实验指导

冻干粉针是药物的一种制剂形式，是将药用成分(原料)及辅助成分(辅料)，用溶媒(如无菌注射用水)溶解后，配制成一定浓度的溶液，在无菌密闭环境中通过无菌过滤后分装于安瓿或西林瓶等容器中，再在无菌密闭环境中低温下冻结，通过降低环境气压，缓慢升高制剂温度的方法使制剂中的溶媒(如水)升华，留下固体形态的疏松块状或粉末状药物而成的制剂。冻干粉针在使用上一般用注射用水或5%葡萄糖作为稀释剂，个别品种配专用稀释剂。

把药物制成冻干粉针原因如下：

(1)有些药物稳定性差，或遇水很容易分解，不能做成普通粉针或水针剂，只有做成冻干粉针才能很好地发挥药效。

(2)有些药物单品种稳定，与另一种药物配伍易发生反应，制成普通水针剂不能长久保存，而此两种药物配伍，在临床上效果很好，制成冻干粉剂即可解决配伍不易久存的问题。

(3)可通过微囊化或形成脂质体、复合成复盐等，使药物发挥速效、高效作用，提高药物生物利用度。通过调整载体，还能制成靶向制剂或控制释放剂。

冻干粉针一般采用冷冻干燥技术制备。药品冷冻干燥是指把药品溶液在低温下冻结，然后在真空条件下升华干燥，除去冰晶，待升华结束后再进行解吸干燥，除去部分结合水的干燥方法。该过程主要可分为：药品准备、预冻、一次干燥(升华干燥)和二次干燥(解吸干燥)、密封保存5个步骤。制剂按上述方法冻干后，可在室温下避光长期贮存，需要使用时，加无菌注射用水或生理盐水制成无菌悬浮液，即可恢复到冻干前的状态。

与其他干燥方法相比，药品冷冻干燥法具有以下非常突出的优点和特点：

(1)药液在冻结前分装，剂量准确。

(2)在低温下干燥，能使被干燥药品中的热敏物质保留下来。

(3)在低压下干燥，被干燥药品不易氧化变质，同时能因缺氧而灭菌或抑制某些细菌的活力。

(4)冻结时被干燥药品可形成“骨架”，干燥后能保持原形，形成多孔结构而且颜色基本不变。

(5)复水性好，冻干药品可迅速吸水还原成冻干前的状态。

(6)脱水彻底，适合长途运输和长期保存。

有些液体制剂能单独地进行冷冻干燥，但也有些液体制剂进行冷冻干燥往往不易成功。为了使某些制剂能成功地进行冷冻干燥，改善冻干产品的溶解性和稳定性，或使冻干产品有美观的外形，需要在制剂中加入一些附加物质，他们就是保护剂，有时也称保护剂为悬浮介质、填充剂、赋形剂、缓冲剂、基础物等。保护剂对于冻干制剂必须是化学惰性的。

保护剂的作用和常用物质有如下几种：

(1)有些活性物质浓度极小，干物质含量极少，在冷冻干燥时已经干燥的物质会被升华的气流带走。为了改善浓度，增加干物质含量，使冻干后的产品能形成较理想的团块。因此需要加入填充物质，使固体物质的浓度为4%～25%。这些填充物或赋形剂是：蔗糖、乳糖脱脂、蛋白质及水解物、聚维酮、葡聚糖、山梨醇等。

(2)有些活性物质特别脆弱，在冷冻干燥时由于物理或化学原因会受到危害，因此加入一些保护剂或防冻剂，以减少冷冻干燥中的损害。例如，加入二甲基亚砜、甘油、右旋糖苷(葡聚糖)、糖类、聚维酮等。

(3)加入某些物质可以提高产品的崩解温度，以得到良好的产品并容易冻干。例如，甘露醇、甘氨酸、右旋糖苷、木糖醇、聚维酮等。

(4)为了改变冻干液体制剂的酸碱度，从而改变共熔点以利于冻干。例如，加入碳酸氢钠、氢氧化钠等。

(5)为了改变产品储藏的稳定性，提高储藏温度，增加储藏时间，可加入抗氧化剂类，如维生素C、维生素E、氨基酸、硫代硫酸钠、硫脲等。

保护剂的范围相当宽广，品种繁多，但找不到十分理想的保护剂。对于不同的冻干制剂也没有一个保护剂的通用配方。每种产品的适宜保护剂需通过反复的试验才能确定。

冻干粉针剂常见的生产工艺是：先将药物按水针剂标准制成液体制剂，在A级状态下经过滤、超滤除去杂质和细菌，无菌分装入瓶并加塞，装入冻干机迅速冷冻至－40℃左右使药液成固态，在此状态下抽极限真空(<0.009Pa)将水分升华排出，药物有序结晶干燥成膨松晶体，升华完成后在真空状态下自动加塞，则无菌、真空、含水量<0.01%的晶态冻干粉针就生产成了。因而在储藏方面，一般的冻干粉针无需冷藏，常温保存即可。

在冻干粉针的生产过程中，经常会出现一些异常情况，影响产品质量：

(1)含水量超标，冻干粉针剂质量标准中规定的含水量较低。造成其含水量超过标准的主要原因是：装入容器的药液过多，药液层过厚；干燥过程中供热不足，使其蒸发量减少；真空度不够，水蒸气不能顺利排出；冷凝室温度偏高，不能有效地将水蒸气捕集下来；冻干时间较短；真空干燥箱的空气湿度高；出箱时制剂温度低于室温而出现制剂吸湿等。

解决措施：生产人员需针对不同原因采取相应的解决方法。例如，按药液体积调整西林瓶规格，减少装液厚度，一般应控制在10～15mm；加强热量供给，促进水分蒸发；检查真空度不高的原因，排除泄漏点或真空系统的异常；降低冷凝器温度在−60℃以下；重新试制冻干曲线，确保冻干制剂含水量合格；对放入箱内的气体要进行除菌及脱水干燥处理，尤其是易吸潮的制剂更要注意；制剂出箱时的温度要略高于生产环境温度。

(2)喷瓶，由于预冻时温度没有达到制剂共熔点以下，制剂冻结不实；或升华干燥时升温过快，局部过热，部分制剂溶化成液体，在高真空度条件下，少量液体从已干燥固体表面穿过孔隙喷出而形成。

解决措施：为了防止喷瓶，应严格控制预冻温度在共熔点以下10～20℃，并保持2h以上，使药品冻实后再升温。同时升华干燥时的供热量要控制好，适当放慢升温速度，且控制温度不超过共熔点。这样可以克服喷瓶现象。

(3)外观不合格，冻干粉针的正常外观应是颜色均匀，孔隙致密，保持冻干前的体积、形状基本不变，形成块状或海绵状团块结构。但是，如果溶液重量浓度大于30%，则制剂易出现萎缩、塌陷、不饱满的情况。另外，干燥时冻结的表面最先脱水形成结构致密的干燥外壳，下面升华的水蒸气从已干燥表层的分子之间的间隙逸出。这时如果溶液浓度太高，分子之间的间隙小、通气性差，水蒸气穿过阻力较大，大量水分子来不及逸出，在干燥层停滞时间长，使部分已干燥药物逐渐潮解，会使制剂体积收缩，外形不饱满或塌陷。

如果药液重量浓度低于4%，在抽真空时，药物会随水蒸气一起飞散；或在干燥后变成绒毛状的松散结构，在解除真空后，这种结构的物质会消散，使制剂成空洞状。还有一种情况是药液浓度太低，使制剂疏松易引湿，同时由于比表面积过大，使制剂容易萎缩，干燥的成品机械强度过低，一经振动即分散成粉末而黏附于瓶壁。

在冻干工艺方面，如果药液厚度大于20mm，干燥时间延长，也会造成产品外观不合格。另外，在开始冻结时降温速度快，使制剂形成细结晶，密度大，升华受到阻力较大，水分不易蒸发掉，制剂会逐渐潮解致使体积收缩而造成外形不饱满或形成团状。如果冻结速度过慢，冰晶成长时间较长，则易发生浓缩，致使药物与溶剂分离、成品结构不均匀。

解决措施：合理设计冻干溶液的配方。一般重量浓度在4%～25%为宜，最佳浓度在10%～15%。若浓度低于4%，可适当添加赋形剂（如甘露醇、右旋糖酐、乳糖等）。若浓度较高时，则必须控制冻干制剂厚度，或降低浓度，改用大的容器灌装药液。冻干过程中降温速度应控制在每小时降低5～6℃。在一期升华干燥阶段，制剂温度应低于共熔点，升温不宜快，控制在每小时5℃左右。如果加热过快，在制剂有大量水分时，温度超过其共熔点，就会导致制剂溶化，外观出现缺陷。在二期升华阶段，虽然此时制剂中含水量已较低，升温速度可以适当提高，但要将温度控制在安全温度以下，否则会有结块。另外，制剂包装的气密性不好，在有效期内也会出现外观不合格甚至内在质量不合格。

(4)制剂冷爆脱底，主要原因是预冻阶段没有将制剂冻结实。如果在制剂尚没有完全冻结实的情况下，系统就开始对箱体抽真空，这样当压力达到某一数值时，尚没有冻结好的部分就开始蒸发沸腾，产生放热现象，而其本身温度急剧下降，到达共晶点温度时，产品冻结，随之开始出现爆瓶脱底现象。随着压力的继续下降，温度也相应下降。一般冻干机的真空泵能达到 0.1MPa 以下，这就是说箱内的制剂温度达到－40℃左右。由于西林瓶底与下部的板层没有以上的蒸发冷冻特性，故在短时间内西林瓶承受不了如此大的温度差而导致西林瓶冷爆脱底。

解决措施：需要生产人员严格执行预冻参数，确认将制剂冻结实后再抽真空。

三、实验设计思路

(1)注射用冻干粉针剂属于无菌制剂中的一种制剂。

(2)注射用无菌制剂主要是指在无菌环境中采用无菌操作方法或技术制备的不含任何活的微生物的一类药物制剂，直接注入人体血液系统和特定组织器官等的一类制剂。

(3)设计制备注射用冻干粉针剂，学生需通过查阅资料了解、掌握以下知识点：

(ⅰ)注射用无菌制剂有哪些制备工艺，不同制备工艺的异同点有哪些?

(ⅱ)注射用冻干粉针剂与其他注射用无菌制剂比较有哪些特点?

(ⅲ)注射用冻干粉针剂的质量要求是什么，通过哪些方式来保证设计制备的注射用冻干粉针剂的质量要求?

(4)注射用冻干粉针剂的制备工艺中需要重点关注的工艺如下：

(ⅰ)注射用冻干粉针剂的处方组成，哪些处方成分需通过实验设计筛选?

(ⅱ)注射用冻干粉针剂的制备工艺中哪些工艺参数需通过筛选确定?

(5)注射用冻干粉针剂的质量标准制定。参照《中国药典》2010 年版制定注射用冻干粉针剂的质量标准。

四、实验设计

教师根据实验条件或学生的知识能力提供利巴韦林或其他药物作为参考药物给学生，由学生根据该参考药物结合以上“实验设计思路”掌握的知识进行设计，写出实验方案，实验方案主要包含以下内容：

(1)仪器设备与器皿。

(2)材料与试剂。

(3)处方筛选的方案设计。

(4)制备工艺筛选的方案设计。

(5)预期实验结果。

五、实验操作

学生根据制订的实验方案进行操作，记录实验结果。

六、结果分析与讨论

学生分析实验得到的实验结果或实验现象，撰写实验报告或实验总结。

【思考题】

(1)注射用无菌粉针剂与注射用无菌冻干粉针剂有什么区别?
(2)如何保证注射用冻干粉针剂的无菌质量要求?
(3)注射用无菌粉针剂为什么需要进行处方和制备工艺筛选?

实验二十三 阿司匹林缓释片的处方筛选及制备工艺设计

一、实验目的

(1)掌握缓释片的处方筛选设计。
(2)掌握缓释片的制备工艺筛选设计。
(3)了解缓释片的质量评价要求。

二、实验指导

缓释制剂是指口服后在规定释放介质中，按要求缓慢地非恒速释放药物，与相应的普通制剂比较，其给药频率比普通制剂至少减少一半，或给药频率比普通制剂有所减少，且能显著增加患者的顺应性或疗效的制剂。普通制剂比较，缓释制剂的药物治疗作用持久、毒性作用低、用药次数减少。由于设计要求，药物可缓慢地释放进入体内，血药浓度“峰谷”波动小，可避免超过治疗血药浓度范围的毒性作用，又能保持在有效浓度范围(治疗窗)之内以维持疗效。

目前常见的缓释、控释制剂有骨架型、膜控型、渗透泵型和离子交换型等。

骨架型是指药物和骨架材料通过压制或融合等特定工艺制成的固体制剂，有片剂、小丸、颗粒等多种形式。根据骨架材料和释药机理不同，骨架片可分为如下几种：

(1)不溶性骨架片：常用的骨架材料有乙基纤维素、聚甲基丙烯酸酯、乙烯-乙酸乙烯共聚物等。不溶性骨架片在胃肠道中不崩解，消化液渗入骨架孔隙后，药物溶解并通过极细的通道向外扩散，药物释放后完整的骨架随粪便排出。不溶性骨架片常用的制备方法是将药物与不溶性骨架材料粉末混匀后直接压片或将不溶性骨架材料(如乙基纤维素)用适量乙醇溶解后，湿法制粒压片。

例 右旋布洛芬缓释片的制备

分别按处方量称取 HPMC 0.04g、EC 0.06g、右旋布洛芬和乳糖，用 2%的 PVP 乙醇溶液制粒，加适量硬脂酸镁、滑石粉，混匀，压片。

(2)溶蚀性骨架片：是用蜂蜡、巴西棕榈蜡、氢化植物油、硬脂醇、单硬脂酸甘油酯等疏水性强的脂肪类或蜡类骨架材料制成，这些材料不溶于水，但在体内可被溶蚀水解。溶蚀性骨架片通过孔道扩散与溶蚀相结合来控制药物释放。溶蚀性骨架片的制备方法有以下几种。①熔融法：将药物与辅料直接加入熔融的蜡质中，熔融的物料再铺开冷却、固化、粉碎成颗粒，压片；或将熔融物倒入一旋转的盘中使成薄片，再研磨过筛制成颗粒，压片。②溶剂分散法：将药物与辅料用适当溶剂溶解后加入到熔融的蜡质中，然后将溶剂蒸发除去，得到干燥的团块，再制成颗粒，压片。

例 山楂叶总黄酮生物溶蚀性骨架型缓释片

称取硬脂醇，80℃水浴加热至熔融，加入山楂叶总黄酮，混合均匀后，放冷至室温；取过 80 目筛的乳糖、预胶化淀粉，加入上述混合物中，混合均匀，加入适量羟丙甲纤维素胶浆（以 80%乙醇适量溶解）制软材，过 16 目筛制湿颗粒，干燥，整粒，加硬脂酸镁，混匀，压片。

(3)亲水凝胶骨架片：常用的骨架材料有羟丙基甲基纤维素(HPMC)、甲基纤维素(MC)、羧甲基纤维素钠(CMC-Na)、聚维酮(PVP)、卡波姆、海藻酸盐、壳聚糖等。骨架材料遇水或消化液后会膨胀，形成凝胶屏障而控制药物的释放，释放速度取决于药物通过凝胶层的扩散速度及凝胶的溶蚀速度。亲水性凝胶骨架片可采用湿法制粒压片法、干法制粒压片法及粉末直接压片法制备。

例 银杏叶缓释片的制备

首先将甲壳素、卡波姆、乳糖、柠檬酸等各种辅料研细，分别过 80 目筛网。称取上述辅料药适量，与银杏黄酮浸膏充分混合，用 80%乙醇制粒，75℃干燥，过 20 目筛整粒，加硬脂酸镁、滑石粉，混匀，压片。

膜控型是指通过包衣膜来控制和调节药物释放速率和行为的一类制剂，包括包衣片、包衣小丸、将包衣颗粒和包衣小丸填充于空心胶囊中制成的胶囊剂。常用的包衣材料有乙酸纤维素、乙基纤维素、聚丙烯酸树脂等。为增加包衣膜的通透性，调控释药速率，往往还在包衣膜中加入 PEG 类、PVP、乳糖等水溶性物质(称为致孔剂)。释药系统进入胃肠道后，包衣膜中的水溶性致孔剂被消化液溶解而形成孔道。消化液通过这些孔道进入释药系统的药芯，溶解药物，形成的溶液经膜孔向外渗透扩散而释放。可通过控制包衣材料的种类、衣膜的组成、包衣厚度、微孔的孔径等来控制药物释放速度。膜控型缓释片的制备一般是先按常规方法制备水溶性药物的片芯，再将乙酸纤维素、乙基纤维素等包衣材料用乙醇或丙酮等溶剂溶解，加入水溶性致孔剂等其他辅料，用此包衣液包在片芯上，即得微孔膜包衣片。

例 氯化钾缓释片的制备

(1)氯化钾片芯的制备：将处方量的氯化钾(过 100 目筛)、聚维酮钾混合均匀，加适量水制成软材，过 20 目筛制粒，40～50℃干燥 4h，过 20 目筛整粒，加入 1%硬脂酸镁，混匀，压片。

(2)氯化钾缓释片制备过程如下。①包衣液配制：按比例称取 Eudragit RS100、RL100 共 60g，溶于 500g 乙醇中，加入 6g 柠檬酸三乙酯；另将 15g 滑石粉溶于适量乙醇中，用高剪切匀浆机匀化 5min，倒入上述溶液中，加乙醇至 1000g，80 目筛网过滤，即得。②包衣：将氯化钾缓释片置于糖衣锅中，倾角 40°，喷枪距片床距离 10cm，喷嘴直径 1.0mm，呈扁平形喷雾，片床温度 30～35℃，喷气压力 0.125MPa，喷液速率 5g/min，包衣锅转速 25r/min，包衣完成后，将片子放在浅盘中，置于 40℃干燥 2h，即得。

缓释制剂一般是按时间变化先快后慢的非恒速释药，即以一级动力学方程、Higuchi 方程等规律释放药物。体外释药速率是缓释制剂质量评价的重要方面，也是处方工艺设计的必然指标。缓释制剂的体外药物释放度试验是在模拟体内消化道条件下(如温度、介质的 pH、搅拌速率等)，对制剂进行药物释放速率试验，最后制订出合理的体外药物释放度，以监测产品的生产过程与对产品进行质量控制。

(1)仪器装置：除另有规定外，缓释制剂的体外药物释放度试验可采用溶出度测定仪进行。

(2)温度控制：缓释制剂模拟体温应控制在(37±0.5)℃。

(3)释放介质：以去空气的新鲜纯化水为最佳的释放介质，或根据药物的溶解特性、处方要求、吸收部位，使用稀盐酸(0.001～0.1mol/L)或 pH 为 3～8 的磷酸盐缓冲液，对难溶性药物不宜采用有机溶剂，可加少量表面活性剂(如十二烷基硫酸钠等)。释放介质的体积应符合漏槽条件，即一般释放介质的体积为药物饱和溶液所需介质体积的 3～5 倍。一般情况下，选择溶出介质的体积为 500mL、1000mL 和 900mL，因此可通过改变药物在释放介质中的溶解度来满足这一条件。

(4)释放度取样时间点：体外释放速率试验应能反映出受试制剂释药速率的变化特征，且能满足统计学处理的需要，释药全过程的时间不应低于给药的间隔时间，且累积释放百分率要求达到 90%以上。除另有规定外，通常将释药全过程的数据作累积释放百分率-时间的释药曲线图，制订出合理的释放度检查方法和限度。缓释制剂从释药曲线图中至少选出 3 个取样时间点：第一点为开始 0.5～2h 的取样时间点，用于考察药物是否有突释；第二点为中间的取样时间点，用于确定释药特性；最后的取样时间点，用于考察释药是否基本完全。此 3 点可用于表征体外药物释放度。处方工艺筛选时，一般还应增加 2 个取样时间点，用这 5 个点来表征体外控释制剂药物释放度。如果需要，还可以再增加取样时间点。

(5)重现性与均一性试验：应考察 3 批以上、每批 6 片(粒)产品，批与批之间体外药物释放度的重现性，并考察同批产品、每批 6 片(粒)体外药物释放度的均一性。

(6)释药模型的拟合：缓释制剂的释药数据可用一级动力学方程和 Higuchi 方程等拟合

$$\ln(1-M_t/M_\infty)=-kt\text{（一级动力学方程）}$$

$$M_t/M_\infty=kt^{1/2}\text{（Higuchi 方程）}$$

式中，M_t为 t 时间的累积释放量；M_∞为∞时累积释放量；M_t/M_∞为 t 时累积释放百分率。

拟合时以相关系数(r)最大而均方误差(MSE)最小的为拟合结果最好。

三、实验设计思路

(1)缓释片属于固体口服制剂中的一种制剂。

(2)设计制备缓释片剂，学生需通过查阅资料了解、掌握以下知识点。

(ⅰ)缓释片与其他口服片剂比较有哪些特点?

(ⅱ)普通片剂和缓释片剂的处方组成及制备工艺有什么异同?

(ⅲ)缓释片剂的质量要求是什么?

(ⅳ)缓释片剂的缓释原理是什么，如何实现片剂的缓释?

(ⅴ)实现缓释片剂缓释的常用辅料有哪些?

(3)缓释片剂的制备工艺中需要重点关注的工艺如下:

(ⅰ)缓释片剂的处方组成，哪些处方成分需通过实验设计筛选?

(ⅱ)缓释片剂的制备工艺中哪些工艺参数需通过筛选确定?

(4)缓释片剂的质量标准制定。参照《中国药典》2010年版评价设计制备的缓释片剂的质量。

四、实验设计

教师根据实验条件或学生的知识能力提供阿司匹林或其他参考药物给学生，由学生根据该参考药物结合以上“实验设计思路”掌握的知识进行设计，写出实验方案，实验方案主要包含以下内容。

(1)仪器设备与器皿。

(2)材料与试剂。

(3)处方筛选的方案设计。

(4)制备工艺筛选的方案设计。

(5)预期实验结果。

五、实验操作

学生根据制订的实验方案进行操作，记录实验结果。

六、结果分析与讨论

学生分析实验得到的实验结果或实验现象，撰写实验报告或实验总结。

【思考题】

(1)了解市场上最熟悉的10个缓释片剂的药物代谢特点?

(2)哪些药物可以设计制成缓释片剂?

(3)缓释片剂为什么需要进行处方和制备工艺筛选?

实验二十四　胰酶肠溶微丸的处方筛选及制备工艺设计

一、实验目的

(1)掌握胰酶肠溶微丸的处方筛选设计。

(2)掌握肠溶微丸的制备工艺筛选设计。

(3)了解胰酶肠溶微丸的质量要求。

二、实验指导

微丸特指由药物与辅料构成的直径小于2.5mm的球状实体。一般填充入空胶囊中、袋装或压成片剂使用。与通常所述的丸剂相比，其主要特点在于：①由于在胃肠道分布面积较大，吸收较快，生物利用度高，可以制成速释微丸制剂；②可以对微丸进行包衣处理或加入适当的阻滞材料，制成缓释微丸；③稳定性好，流动性好，不易碎，制备工艺较为简单。

丸芯的辅料主要有稀释剂和黏合剂。常用的丸芯辅料有：蔗糖、乳糖、淀粉、微晶纤维素、甲基纤维素、聚乙烯醇、聚乙烯吡咯烷酮、羟丙基纤维素、羟丙基甲基纤维素等。微丸包衣膜的辅料有包衣成膜材料、增塑剂，有时尚需加致孔剂、着色剂、抗黏剂和避光剂等。缓释包衣材料有乙酸纤维素、乙基纤维素、聚丙烯酸树脂、硅酮弹性体。肠溶包衣材料有虫胶、乙酸纤维素酞酸酯、Eudragit L和S、羟丙甲纤维素酞酸酯等。增塑剂主要有丙二醇、甘油、聚乙二醇(PEG)、甘油三乙酸酯、乙酰单甘油酸酯、邻苯二甲酸酯、蓖麻油等。致孔剂主要有亲水性液状载体(甘油、PEG200)、电解质(NaCl、KCl、Na_2SO_4等)、糖类(乳糖、果糖、蔗糖、甘露糖)、表面活性剂(聚山梨酯80、十二烷基硫酸钠等)、高分子(PEG、PVP)、微晶纤维素等。抗黏剂有滑石粉、微粉硅胶、硬脂酸镁。

微丸的制备方法主要有包衣锅法、沸腾床制粒包衣法、离心造粒法、挤出-滚圆法、熔融法等。

(1)包衣锅法：是将药物与辅料粉末混合均匀，加入黏合剂制成软材，过筛制粒，于包衣锅中滚制成小球，包衣后即得所需微丸。为了改善微丸的圆整性，可采用“丸模法”：以蔗糖或淀粉细粒为“丸模”(空白丸芯)，以水为黏合剂，加入药物与辅料滚制成含药丸芯，干燥后再重复进行此操作至大小合适的微丸，再包上薄膜衣即可。

(2)沸腾床制粒包衣法：是将药物与辅料置于流化床中，鼓入气流，使二者混合均匀，再喷入黏合剂，使之成为颗粒，当颗粒大小满足要求时停止喷雾，所得颗粒可直接在沸腾床内干燥，微丸的包衣过程也可同时进行，即制粒、干燥、包衣一步完成。在整个过程中，微丸始终处于流化状态，可有效地防止微丸在包衣过程中发生粘连。

(3)离心造粒法：将母核输入到旋转的转子上，利用离心力与摩擦力形成母核的粒子流，再将药物与辅料的混合物及包衣液分别喷入其中，颗粒最后滚制成圆整型较好的微丸。

(4)挤出-滚圆法：是指将药物、辅料粉末加入黏合剂混合均匀，通过挤出机将之挤成条柱状，再于滚圆机中将圆柱形物料切割，滚制成大小均匀、规整的球形，最后进行干燥、包衣。用此法所得颗粒大小均匀、粒度分布窄、药物含量均匀。所需装置主要有挤出机和滚圆机，挤出机可使捏合后的湿物料挤成圆柱形，滚圆机可使挤出圆柱形物料滚制成球形。

(5)熔融法：是指通过熔融的黏合剂将药物、辅料粉末黏合在一起制成微丸，再将微丸包衣制得。此法尤适于对水、热不稳定的药物。

微丸的质量评价包括：微丸粒度的测定、微丸的圆整度、松密度、脆碎度、水分含量、硬度或硬度测定、释放试验。

肠溶制剂是指在规定的时间内在胃中不释放或是几乎不释放药物，而进入肠中，在肠的某部位能大部分或全部释放药物的制剂。肠溶制剂有着防止某些药物对胃黏膜的刺激作用，防止某些药物在胃中释放引起恶心反应，增加药物稳定性，增加局部治疗的作用，提高药物浓度，延缓药物吸收时间，外形美观等优点。其一般适用于以下药物：遇胃液变质的药物，如穿心莲内酯类药物；对胃刺激性强的药物，如苦参碱；作用于肠道的驱虫药、肠道消毒药，或需要其在肠道保持较久的时间以延长药物作用。

肠溶制剂的主要辅料有虫胶、邻苯二甲酸乙酸纤维素(CAP)、丙烯酸树脂(Eudragit)等。CAP 在 pH 大于 6 时溶解。Eudragit 应用较为广泛，他可分为 E、L、S、RL、RS、E30D、L30D 等类型，E 型在 pH 小于 1 的介质中溶解；L 型和 S 型分别在 pH 6 和 pH 7 以上的介质中溶解；E30D 型在酸碱中均不溶解，但具有渗透性；L30D 型在 pH 6 以上的小肠液中溶解。国内产品Ⅰ、Ⅱ、Ⅲ号丙烯酸树脂分别与国外产品 L30D、L、S 型 Eudragit 相当。

肠溶微丸是肠溶技术与微丸制剂的结合。制备方法、质量评价与微丸相同，关键在于处方中加入了肠溶辅料，制得的微丸要求在胃液中药物几乎不释放，而在肠液中释放完全。

例 泮托拉唑钠肠溶微丸

称取滑石粉 15g，增塑剂 6g 加入适量水中，匀化，搅拌下倒入 Eudragit L30D-55 (80g) 和 Eudragit NE30D (20g) 的混合液中，配成聚合物含量为 8%的肠溶包衣液。将载药微丸 (约 50g)置流化床中，先用适量 1.5% HPMC 水溶液进行隔离层包衣，后用上述所得包衣液进行肠溶层包衣；采用底喷式，控制床温 35℃，喷气压力 0.1MPa，鼓风频率 20～22Hz。待肠溶包衣结束后，于 40℃烘箱中放置过夜。

例 三七总皂苷微丸肠溶微丸

(1)含药丸芯的制备：按处方量准确称取三七总皂苷 5g，微晶纤维素 25g，乳糖 5g，混合均匀，以水为润湿剂制成软材，经孔径为 0.8mm 的筛板以 25Hz 的挤出速度挤出，挤出物置滚圆机内，调节转速 60Hz，滚圆 5min，微丸于 40℃干燥 6h。筛分后，得载药微丸

(18~24目)。

(2)包衣液配制：将增塑剂加入适量水中，搅拌均匀后将其慢慢加入到Eudragit L30D-55中，磁力搅拌1h，过滤，在包衣过程中持续搅拌。

(3)包衣微丸的制备：将三七总皂苷载药丸芯50g置底喷式流化床中，开始包衣前于45℃预热微丸，控制包衣进风温度在40~45℃，喷气压力0.12MPa，流化压力0.025MPa，恒流泵流速2mL/min，包衣完成后流化5min，微丸置40℃烘箱中热处理一定时间。

三、实验设计思路

(1)胰酶肠溶微丸属于固体口服制剂中的一种制剂。

(2)设计制备胰酶肠溶微丸，学生需通过查阅资料了解、掌握以下知识点：

(ⅰ)微丸与其他口服制剂比较有哪些特点?

(ⅱ)肠溶微丸和普通微丸的处方组成及制备工艺有什么异同?

(ⅲ)肠溶微丸的质量要求是什么?

(ⅳ)如何保证胰酶制剂制备过程中的酶活力?

(ⅴ)组成微丸肠溶的常用辅料有哪些?

(ⅵ)如何检测胰酶的活性?

(3)胰酶肠溶微丸的制备工艺中需要重点关注的工艺如下：

(ⅰ)肠溶微丸的处方组成，哪些处方成分需通过实验设计筛选?

(ⅱ)胰酶肠溶微丸的制备工艺中哪些工艺参数需通过筛选确定?

(4)胰酶肠溶微丸的质量标准制定。参照《中国药典》2010年版评价设计制备的胰酶肠溶微丸的质量。

四、实验设计

教师根据实验条件或学生的知识能力提供胰酶或其他酶作为参考药物给学生，由学生根据该参考药物结合以上“实验设计思路”掌握的知识进行设计，写出实验方案，实验方案主要包含以下内容。

(1)仪器设备与器皿。

(2)材料与试剂。

(3)处方筛选的方案设计。

(4)制备工艺筛选的方案设计。

(5)预期实验结果。

五、实验操作

学生根据制订的实验方案进行操作，记录实验结果。

六、结果分析与讨论

学生分析实验得到的实验结果或实验现象，撰写实验报告或实验总结。

【思考题】

(1)了解市场上胰酶目前有哪些制剂?

(2)肠溶微丸有哪些制备方法与工艺?

实验二十五　布洛芬泡腾片的处方筛选及制备工艺设计

一、实验目的

(1)掌握泡腾片的处方筛选设计。

(2)掌握泡腾片的制备工艺筛选设计。

(3)了解泡腾片的质量要求。

二、实验原理

泡腾片是含有泡腾崩解剂的一种片剂。所谓泡腾崩解剂通常是有机酸和碳酸钠、碳酸氢钠(小苏打)的混合物。泡腾片本身干燥不含水分，泡腾崩解剂中的两种物质未电离不能发生反应；但当泡腾片放入水中之后，两种在水的作用下电离，并发生复分解反应，产生大量二氧化碳，使片剂迅速崩解和融化，有时崩解产生的气泡还会使药片在水中上下翻滚，加速其崩解和融化。片剂崩解时产生的二氧化碳部分溶解于饮水中，使饮水喝入口中时有汽水般的美感。泡腾片入水后会产生大量二氧化碳气体从而迅速溶解，药物起效迅速，生物利用度高，携带方便且成本低，近年发展较快。

泡腾片中的主要辅料有如下几种：

(1)酸源：常用的有柠檬酸、酒石酸、富马酸、己二酸、苹果酸。柠檬酸与碳酸氢钠的最佳产气物质的量比是0.76∶1，溶解最快的物质的量比是0.6∶1，酸的用量往往超过理论用量，以利于稳定及适口。以酒石酸为泡腾酸化剂，泡腾力度大，吸湿性较小，便于生产操作。酒石酸易与很多矿物质产生沉淀，因此，以酒石酸制成的口服泡腾片在自来水或矿泉水中常发生浑浊现象，虽不影响药效但影响澄清度，一般需加入色素掩盖。富马酸没有吸湿性但具有极好的润滑作用，可以彻底解决压片过程中的黏冲和吸潮问题。其不足之处是水溶性不是很好，酸性较弱，所以，泡腾过程较缓慢，最后总是在水表面留下一点残渣。

(2)碱源：常用的有碳酸钠、碳酸氢钠、碳酸钾、碳酸氢钾、碳酸钙等，其中以碳酸钠、碳酸氢钠、碳酸氢钾最为常用。使用碳酸氢钠、碳酸氢钾时应注意干燥颗粒的温度不能高于60℃，否则，易使碳酸氢盐分解，产生碳酸盐、水和二氧化碳。润滑剂对泡腾片的制备起着十分重要的作用，如选择不当可影响产品的制备和性状。

(3)润滑剂：口服泡腾片一般选择水溶性润滑剂，如乙二醇4000或乙二醇6000、十二烷基硫酸钠、十二烷基硫酸镁、L-亮氨酸、苯甲酸钠、油酸钠、氯化钠、乙酸钠、硼酸等。最常用的是PEG6000，一般需粉碎过160目筛后使用，用量多在总重量的5%以内，过多使用会增加黏冲。十二烷基硫酸钠、十二烷基硫酸镁有发泡作用，但影响澄清度，一般不用。L-亮氨酸润滑作用较好，用量为总重量的5%以下，使用前需过筛、烘干，缺点是价格较贵。苯甲酸钠曾用于阿司匹林泡腾片，用量为总重量的5%。油酸钠、氯化钠、乙酸钠的润滑作用有限。此外，氯化钠可作为引湿剂使用。

(4)填充剂、黏合剂：口服泡腾片常用填充剂为乳糖、甘露醇、蔗糖、葡萄糖等水溶性辅料，常用黏合剂有PVP乙醇(水)溶液、乙醇等。

(5)矫味剂、甜味剂、香精：矫味剂主要有薄荷油、薄荷醇、人造香草、肉桂及各种果味，一般用量为0.5%～3%，以喷雾干燥的矫味剂效果最为理想。甜味剂有阿斯帕坦、甜菊素。国家药品食品监督管理局规定阿斯帕坦的日允许使用量为50mg/kg，欧盟规定的使用量为20mg/kg；甜菊素的安全范围很大，小鼠口服LD_{50}＞8.2g/kg。香精有甜橙味、柠檬味、橘味、苹果味、菠萝味等多种口味，可根据需要选择使用。

泡腾片的制备方法同普通片剂，但要注意，酸碱需分开湿法制粒、压片。

例 维生素C泡腾片

处方：每片含维生素C 1g，辅料为阿朴胡萝卜醛、橘味香精、橙味香精、维生素B2、糖精钠、碳酸氢钠、氯化钠、蔗糖、酒石酸细晶体。

制备：粉末直接压片。

例 复方替硝唑泡腾片

处方：替硝唑100g、左氧氟沙星100g、硼酸60g、淀粉80g、碳酸氢钠50g、微晶纤维素100g、滑石粉30g、十二烷基硫酸钠1.5g。共制成1000片。

制备：淀粉、微晶纤维素分别在80℃烘12h，淀粉过7号筛，微晶纤维素、硼酸、碳酸氢钠分别过5号筛；半处方量替硝唑、左氧氟沙星、淀粉、微晶纤维素、十二烷基硫酸钠与硼酸制粒，烘干；半处方量替硝唑、左氧氟沙星、淀粉、微晶纤维素、十二烷基硫酸钠与碳酸氢钠制粒，烘干。两组颗粒混合均匀，直接压片。

三、实验设计思路

(1)泡腾片属于片剂中的一种，与普通片剂最大区别是泡腾片作为一种促进药物快速崩解释放的剂型，兼具固体制剂和液体制剂的特点。

(2)设计制备泡腾片时，学生需通过查阅资料了解、掌握以下知识点：

(ⅰ)泡腾片与普通片剂比较有哪些特点?

(ⅱ)泡腾片和普通片剂的处方组成及制备工艺有什么异同?

(ⅲ)泡腾片的质量要求是什么?

(ⅳ)如何保证泡腾片制备过程及储藏期间稳定(不崩解)?

(ⅴ)组成泡腾片的常用辅料有哪些?

(ⅵ)如何检测泡腾片的质量?

(ⅶ)了解布洛芬药物的理化性质。

(3)泡腾片的制备工艺中需要重点关注的工艺如下：

(ⅰ)泡腾片的处方组成，哪些处方成分需通过实验设计筛选?

(ⅱ)泡腾片的制备工艺中哪些工艺参数需通过筛选确定?

(4)泡腾片的质量标准制定。参照《中国药典》2010年版评价设计制备的布洛芬泡腾片的质量。

四、实验设计

教师根据实验条件或学生的知识能力提供布洛芬或其他药物作为参考药物给学生，由学生根据该参考药物理化性质结合以上“实验设计思路”掌握的知识进行设计，写出实验方案，实验方案主要包含以下内容：

(1)仪器设备与器皿。

(2)材料与试剂。

(3)处方筛选的方案设计。

(4)制备工艺筛选的方案设计。

(5)预期实验结果。

五、实验操作

学生根据制订的实验方案进行操作，记录实验结果。

六、结果分析与讨论

学生分析实验得到的实验结果或实验现象，撰写实验报告或实验总结。

【思考题】

(1)泡腾片处方组成中常用的泡腾崩解剂有哪些?

(2)泡腾片与普通片剂的制备方法与工艺有哪些异同?

实验二十六　盐酸金刚烷胺片剂研究新药报批设计

一、实验目的

(1)掌握片剂新药报批需提供的实验资料。

(2)掌握片剂新药报批需开展的实验研究。

(3)了解盐酸金刚烷胺片的质量要求。

二、实验设计思路

(1)明确需要设计的制剂属于哪种给药途径的片剂(普通片剂、包衣片)。

(2)明确需要设计的片剂规格。

(3)设计新药片剂需通过查阅资料了解、掌握以下知识点:

(ⅰ)盐酸金刚烷胺片剂属于哪类新药?

(ⅱ)该片剂作为新药报批需提供哪些资料?

(ⅲ)该片剂设计规格?

(ⅳ)需要开展哪些研究试验?

(ⅴ)该原料药物、辅料的性质?

(ⅵ)该原料药物的检测方法?

(ⅶ)该片剂的质量评价标准?

(ⅷ)片剂制备工艺有哪些，不同制备工艺的特点?

(4)明确片剂制备小试、中试、验证工艺的放大试验设计的主要内容。

三、实验设计

教师根据实验条件或学生的知识能力提供盐酸金刚烷胺(或其他药物)作为参考药物给学生，由学生根据该参考药物结合以上“实验设计思路”掌握的知识进行设计，写出实验方案，实验方案主要包含以下内容。

1. 仪器设备

架盘药物天平；片剂四用测定仪；JA5003A 电子天平；ZP-19 旋转式压片机；DHG-9145A 电热恒温鼓风干燥箱；差示扫描量热法(DSC)；LC-2010AHT(岛津)等。

2. 材料与试剂

盐酸金刚烷胺、羟丙甲纤维素、硬脂酸镁、微晶纤维素、羧甲淀粉钠、黄色包衣粉等。

3. 处方筛选的方案设计

(1)原料药物检测方法建立。

(2)原料处方资料收集与研究。

(3)原辅料相容性试验：影响因素试验、差示扫描量热法(DSC)、高效液相色谱法(HPLC)应用。

(4)原辅料用量试验。

(5)正交试验(或均匀试验)在处方设计中的应用。

4. 制备工艺筛选的方案设计

(1)混合：混合均匀性试验。

(2)崩解剂添加方式与用量。

(3)制软材：黏合剂选择、用量试验。

(4)颗粒的制备：湿法制粒、一步制粒法。

(5)颗粒的大小、干燥温度选择试验。

(6)颗粒的引湿性、流动性试验(休止角测定)、堆密度测定。

(7)压片：压力、崩解剂试验。

(8)片剂包衣材料的选择、用量、在包衣片剂使用中的作用。

5. 片剂包装形式选择

(1)影响因素试验。

(2)片剂引湿性试验。

(3)片剂拟包装贮存条件选择。

6. 片剂质量评价

(1)溶出度试验及溶出曲线相似性 $f2$ 因子法评价。

(2)重量差异试验。

(3)脆碎度试验。

(4)微生物学测定：《中国药典》2010 年版规定片剂中细菌、霉菌、致病菌的测定方法和判断标准。

(5)生物学评价：包括生物利用度、生物等效性测定。

(6)稳定性评价：《中国药典》2010 年版规定实验条件进行试验并根据标准判断。

(7)片剂包材相容性试验。

四、实验操作

根据制订的实验方案进行操作，记录实验结果。

五、结果分析与讨论

分析实验得到的实验结果或实验现象，撰写实验报告或实验总结。

【思考题】

(1)新药报批需提供哪些资料?
(2)原研片剂处方资料收集与研究途径?
(3)原辅料相容性试验如何开展?
(4)片剂质量评价内容?
(5)溶出曲线相似性 $f2$ 因子法评价?

实验二十七　盐酸普鲁卡因注射液新药报批研究方案设计

一、实验目的

(1)掌握注射剂新药报批需提供的实验资料。
(2)掌握注射剂新药报批需开展的实验研究。
(3)了解盐酸普鲁卡因注射液的质量要求。

二、实验设计思路

(1)明确需要设计的制剂属于哪种给药途径的注射剂。
(2)设计新药注射剂需通过查阅资料了解、掌握以下知识点:
(ⅰ)盐酸普鲁卡因注射液属于哪类新药?
(ⅱ)该注射剂作为新药报批需提供哪些资料?
(ⅲ)该新药设计规格?
(ⅳ)需要开展哪些研究试验?
(ⅴ)该原料药物、辅料的性质?
(ⅵ)该原料药物的检测方法?
(ⅶ)该注射剂的质量评价标准?
(ⅷ)内毒素、无菌验证试验?
(ⅸ)注射剂制备工艺有哪些，不同制备工艺的特点?
(3)明确注射剂制备小试、中试、验证工艺的放大试验设计的主要内容。

三、实验设计

根据实验条件或学生的知识能力提供盐酸普鲁卡因(或其他药物)作为参考药物给学生，由学生根据该参考药物结合以上“实验设计思路”掌握的知识进行设计，写出实验方案，实验方案主要包含以下内容。

1. 仪器设备

架盘药物天平；JA5003A 电子天平；LC-2010AHT(岛津)；YB-2 型澄明度检测仪；KSF 集菌培养器；DE-320 型精密 pH 计；SHH-150S 型药品稳定性试验箱；TU-1901 型紫外分光光度计；GWF-5J 型微粒分析仪；PGA6/1-2 型安瓿灌装封口机；生化培养箱等。

2. 材料与试剂

盐酸普鲁卡因、注射用氯化钠、注射用盐酸、针用活性炭、注射用水、曲颈易折安瓿 2mL 等。

3. 处方筛选的方案设计

(1)原料药物检测方法建立。

(2)原料处方资料收集与研究。

(3)原辅料相容性试验：影响因素试验、pH 调节、活性炭用量；高效液相色谱法(HPLC)应用。

(4)原辅料用量试验。

(5)正交试验(或均匀试验)在处方设计中的应用。

4. 制备工艺筛选的方案设计

(1)混合：配料顺序试验。

(2)pH 调节剂使用浓度与用量、调节 pH 的范围；含量、杂质变换关系(HPLC 法测定)。

(3)注射用氯化钠：用量试验与含量测定，渗透压测定。

(4)活性炭：用量吸附试验与含量、杂质变换关系(HPLC 法测定)。

(5)滤材：材质选择、相容性试验与含量、杂质变换关系(HPLC 法测定)。

(6)曲颈易折安瓿 2mL：材质、遮光的选择；含量、杂质变换关系(HPLC 法测定)。

(7)灭菌温度选择试验；含量、杂质变换关系(HPLC 法测定)。

(8)灭菌工艺中 D 值、Z 值、F 值的验证。

(9)内毒素、无菌试验。

5. 注射剂包装形式选择

(1)影响因素试验。

(2)注射剂拟包装贮存条件选择。

6. 注射剂质量评价

(1)装量差异试验。

(2)微生物学测定:《中国药典》2010年版规定片剂中细菌、霉菌、致病菌的测定方法和判断标准。

(3)生物学评价:包括生物利用度、生物等效性测定。

(4)稳定性评价:《中国药典》2010年版规定实验条件进行试验并根据标准判断。

(5)注射剂包材相容性试验。

四、实验操作

根据制订的实验方案进行操作,记录实验结果。

五、结果分析与讨论

分析实验得到的实验结果或实验现象,撰写实验报告或实验总结。

【思考题】

(1)新药报批需提供哪些资料?

(2)原研注射剂处方资料收集与研究?

(3)原辅料相容性试验如何开展?

(4)注射剂质量评价内容?

(5)内毒素、无菌验证试验?

(6)如何开展灭菌工艺中D值、Z值、F值的验证?

第五章　虚拟仿真实验及制剂设计软件应用

实验二十八　药物制剂GMP虚拟仿真实训

药物制剂GMP虚拟仿真实训涵盖GMP标准下的药物颗粒制剂生产、片剂生产、胶囊剂生产、水针剂生产，以及卫生、制水系统、空调空压设备等，具有3D形象生动、操作性强、使用便利等特点，对许多复杂设备、间歇性生产控制、GMP质量管理等进行了三维立体的场景仿真，具备一定的智能化反应能力。

该软件让学生开展自主学习，将原来繁复的现场讲解、演示，利用电脑仿真具有的可重复性与自动引导性，加强学生的学习效率，可较大地扩展学生的视野。

该系统创立的“仿真考试模块”实现了技能操作的仿真考核，提高了实训教学的效果。

一、软件介绍

1. 系统界面

为了方便学生的操作，整个实训仿真系统的界面层次采用了树状结构，从引导界面开始，逐层向具体的章节、岗位内容深入。

系统主要界面上端，都设置有功能按钮、导航条等工具，便于使用者在界面之间的切换、进退、获取帮助指南、查阅操作记录等。

2. 三维场景操作

整个实训仿真系统采用了“场景”仿真的概念，以利于使用者熟悉和了解真实的药物制剂生产环境，以及工作人员之间的关系。

这些“场景”都是采用3D建模的方式形成的，因此具有很好的立体感，并且在启动这些三维场景进行仿真操作、演示、讲解时，可以通过简单的鼠标操作实现直观的三维动作。

本系统内使用的三维场景界面有：①岗位场景的整体视图，主要用于引导操作者进入一个具体岗位的仿真操作，提供给操作者一个整体的视角，更直观地了解GMP条件下生产岗位的实际布置情况。同时，在这类界面中一般还会有一些提问、对话、选项，以考查操作者对某些关键知识点的熟悉程度，或者提醒操作者按照正确的规范流程进行操作。②岗位设备的三维视图是一个可以对设备、场景进行三维仿真操作的界面，在该界面中，操作者应该按照GMP规范的标准操作规程(SOP)进行生产、清洁、质量检查等的仿真操作，并能够直观地看到自己操作所引发的动作、状态变化等。利用界面顶部导航条中的［操作记录］按钮，操作者可以即时了解到自己所做的每一项操作。合理地利用［操作指南］按钮，可以帮助操作者尽快地熟悉本岗位的SOP。③设备结构讲解的三维视图，只出现在《课堂教学辅助》模块中，是教师演示制剂设备的原理、构成、动作等的形象化工具。自学状态的学生同样可以打开这些三维视图进行学习。在这个界面内设置有功能按钮，操作者只需要熟悉使用鼠标的左右键点击，就可以看到三维设备的各个角度视图、分解视图、动态效果等。

二、虚拟仿真软件功能模块

(一)课堂教学辅助

《课堂教学辅助》模块大约提供26台套设备的三维及其部分复杂设备零部件的三维视图。

本模块内汇总了与GMP知识相关的多媒体教学素材，以方便承担实训课程的教师进行课堂讲解、学生答疑等工作。内容分为“深入认识GMP”、“掌握制剂设备”、“生产岗位操作的规范化”、“参考资料”四大部分。

1. 掌握制剂设备

(1)机械设备基础：介绍设备材料学的概念、制药设备常用机构、压力容器、管道与阀门、保养维护与维修等内容，原理动画、直观图片、实物照片等素材较为丰富。

(2)固体制剂设备讲解：利用设备的实物照片、结构图示、三维模型等，对药品生产中常用的17台(套)固体制剂设备进行了介绍，并对固体制剂的生产流程、管理要点等进行了讲解。

(3)水针制剂设备讲解：利用设备的实物照片、结构图示、三维模型等，对药品生产中较为先进的水针制剂设备进行了介绍，如洗灌封联动设备、机动门安瓿灭菌器、浓配稀配系统、反渗透纯化水制备、列管式多效蒸馏水机等。并对水针制剂的生产流程、管理要点等进行了介绍。

2. 生产岗位操作的规范化

(1)如何进入洁净区：详细讲解药品生产中对洁净度的要求，以及进入洁净区的消毒流程、规范等。

(2)各岗位操作流程概略：概略地利用图示、文字表述等讲解药品生产中操作工人的日常工作流程，以便学生明确地掌握一个厂区实习的思路。

(3)工作文书的读写：给出了药品制剂生产中的常用记录、表格、批处理记录等，方便使用者熟悉、了解工作文书的读写。

(4)工厂实习的注意要点：学生进入车间实习，自身往往缺乏一个明确的目标和思路，需要反复强调。

(5)岗位操作录影：为教师和学生提供了药物制剂生产中许多岗位、设备的操作录影，是一个方便、快捷、直观的素材库。

(二)学生仿真练习

本模块共汇总了颗粒剂、片剂、胶囊剂、水针剂四大类药品的生产岗位仿真场景，并对制药用水、空调与高压气源等辅助设施的岗位进行了仿真。

在这些仿真场景中，系统较合理地安排了实训知识点的分布，从更衣进入洁净区开始，到如何领取、传递物料，如何开始岗位操作，如何给物料桶贴上传递标签，如何设置生产设备的操作参数，如何采样检测，如何清洁清场等都一一进行了场景的模拟、流程规范的仿真、提问式的交互等设计，力求使学生能够自主地在本模块内自由操作，开展尝试性、探索性的学习。

1. 进入洁净区

通过 SOP 文件、录像的预习后，再利用三维场景的“功能”尝试进行模拟的更衣、净手、消毒等流程操作。

2. 颗粒制剂线

药物颗粒的制造，是片剂、胶囊剂生产的前提，而且根据工艺流程的不同，划分为摇摆制粒、快速搅拌制粒、一步制粒等 3 种不同的设备使用和岗位设置方式。系统在这里将领料、粗粉碎与过筛、配料分发等生产前期的岗位并入其中。

3. 片剂制剂线

片剂生产包括压片、包衣、铝塑内包装等岗位。为了让学生更贴近企业生产的实际，这里仿真了较先进的全自动高效压片机、自控式包衣机、自控式铝塑泡罩包装机，同时片剂筛粉机、电动糖浆锅、蠕动泵等附属设备也一应俱全。

4. 胶囊制剂线

药品胶囊剂的生产采用的是全自动的高效胶囊机，在进行正确的仿真调校操作后，就可以加入物料、设置参数、完成生产。生产过程中的质量监控操作是不能少的。

5. 水针剂制剂线

药品水针制剂的生产涉及众多的管路、阀门，对阀门的操作次序更是要求严格，因此在仿真场景内封闭了一些常开或常闭的阀门，不允许操作，以便突出重点、缩短操作者熟悉场景和仿真设备的时间。

提示使用者注意界面上端显示的阀门的开、闭状态提示，正确处理电脑“教师”提出的问题和要求，提高操作的纯熟度。

6. 制药用水系统

制药用水系统，包括纯化水制备、注射用水制备，涉及的管路、阀门体系更为复杂，建议操作者仔细预习，熟悉设备的布局结构、阀门的正确功能等，再按照“操作指南”的要领提示进行仿真操作。

7. 空调系统

由于制药企业实际采用的空调与空压机设备都日益自动化，因此这里仿真的设备与场景，也尽量采用自动控制方式，但是为了加深相关知识的理解，操作者还是会遇到电脑“教师”的各种提问、要求。

（三）实训仿真考核

实训仿真考核模块，是本系统首次引入药学实训教学质量评估的一个软件仿真工具。它具有较严格的权限机理，允许教师在网络环境下，设置相关的文字考题，并从仿真场景、仿真岗位中选择出操作类的考题，组合成一份电脑考卷，供学生检验自己在实训期间的学习效果。教师可以通过分析学生的这份电脑考卷成绩，指导学生更深入地学习实践技能知识，理解药物制剂生产原理和工艺。

本实验内容根据中心购买的南京药育信息技术有限公司的《药物制剂 GMP 虚拟仿真实训》软件操作使用摘编整理而成。

实验二十九　正交设计

药物制剂在处方筛选、制备工艺的优化中影响因素较多，为提高制剂质量，采用正交设计法进行处方和工艺条件的优选具有广阔的应用前景。例如，由于正交设计法试验次数少，效果好，既可以分析各因素中最佳水平，又可以分析交互作用的影响，被广泛应用于药物制剂的处方筛选及优化中。选择科学合理的测试指标、因素、水平是整个正交试验的重要步骤，对能否获得最佳工艺参数具有重要意义，因此，掌握使用正交设计法是一项基本要求。

一、正交设计的介绍

正交设计(orthogonal design)是利用正交表(orthogonal table)科学地安排与分析多因素试验问题的设计方法。其优点是从多因素的全部水平组合中，挑选部分有代表性的水平组合进行试验，通过对部分试验结果的分析了解全部试验的情况，找出最优水平组合。

正交表一般记作 $L_n(p^r)$，L 表示正交表的记号；下标 n 表示正交表的行数，也是需要做的试验次数；r 表示正交表的列数，也是该表最多能安排的因素个数，其中包括交互作用和误差；p 表示表中数码个数，也是各因素的水平个数。在药物制剂研究中，由于影响药物制剂的因素较多，为了提高药物制剂质量，试验中常采用正交设计进行处方和工艺条件的优选。

二、正交试验设计基本步骤

(1)确定试验指标，并拟订影响试验指标的因素数和水平数。

(2)选用适当正交表，进行正交表的表头设计。

(3)根据正交表确定各次试验的试验条件，进行试验得到试验结果数据。

(4)正交设计试验结果的统计分析。

三、正交设计资料的 SAS 软件分析

SAS(statistical analysis system)统计分析系统，由美国 SAS 公司开发，是世界权威的统计分析软件之一，本教程以 SAS 9.0 为例，介绍正交设计资料的 SAS 程序。

1. 正交无重复试验资料分析

正交设计资料能进行统计推断的条件是：留出空白列或进行重复试验。空白列的平方和及小于空白列的平方和构成第一类误差，不写入 Model 变量。重复试验数据构成第二类误差，用数据输入格式体现。用 SAS 对正交设计无重复试验数据进行分析，正交表各列按表头设计命名为分组变量或自变量，空白列作误差项估计，试验结果为反应变量 y，分析时两次调用 GLM 过程。

第一次探索分析，确定平方和小于空白列者及各水平优劣，即：

Proc glm；Class 因素；Model y=因素 交互项；Means 因素 交互项/SNK；Run；

第一次分析结果的 F 检验如果无统计学意义，其原因为第一次分析结果中存在平方和小于空白列的变量，此时需作第二次补充分析，再次确定模型 F 值、主要因素及重要交互作用，即：

Proc glm；Class 因素；Model y=平方和大于空白列的因素及交互项；Run；

F 检验有统计学意义的单个因素及交互作用，按 F 值大小顺序确定主要因素、重要因素或重要交互作用。确定最优试验方案时，主要及重要因素取好水平，重要交互作用取好搭配，其他因素按实际问题确定水平，不重要的交互作用不考虑。

例 1 用正交试验设计优选腺苷钴胺片处方。通过初步筛选确定影响腺苷钴胺片质量的因素主要包括崩解剂、助流剂、润滑剂的用量，每个因素分别选定 3 个水平(表5-1)，以 30min 溶出度为主要考察指标。

表 5-1 试验因素与水平表(单位：g/10 000 片)

水平	因素		
	A	B	C
1	6	0.6	3
2	12	1.2	6
3	18	1.8	9

试验因考察三因素三水平问题，故选用 $L_9(3^4)$正交表，分别将因素 A(羧甲基淀粉)用量、B(微粉硅胶)用量、C(硬脂酸镁)用量安置在第 1、2 和 3 列上。表头设计后，按设计的因素水平搭配进行试验，测定所制片剂的 30min 溶出度并将所得结果填入正交表，见表 5-2。

表 5-2　腺苷钴胺片处方优选的试验安排及试验结果

试验号	1	2	3	4	试验结果(溶出度 y/%)
	A	B	C	x	
1	1	1	1	1	26
2	1	2	2	2	30
3	1	3	3	3	32
4	2	1	2	3	95
5	2	2	3	1	92
6	2	3	1	2	96
7	3	1	3	2	97
8	3	2	1	3	98
9	3	3	2	1	98

对该资料进行分析的 SAS 编辑程序如下：

```
Data biao2;
Input a b c x y@@;
Cards;
1 1 1 1 26
1 2 2 2 30
1 3 3 3 32
2 1 2 3 95
2 2 3 1 92
2 3 1 2 96
3 1 3 2 97
3 2 1 3 98
3 3 2 1 98
;
Proc glm;
Class a b c;
Model y=a b c;
Means a b c/SNK;
Run;
```

程序说明：建立数据集并命名为 biao2，变量 a、b、c 分别代表因素 A(羧甲基淀粉)

用量、B(微粉硅胶)用量、C(硬脂酸镁)用量，x 代表空白列，y 代表试验结果溶出度。1、2、3 表示正交表中的水平代码。正交设计定量资料的方差分析采用了 GLM 过程。Class 语句指明分类变量，本例指定分组变量为 a、b、c。Model 语句指定模型的具体形式，本例 Model 语句等号左端为试验结果变量 y，等号右端为需要分析的效应，包括 a、b、c 三个因素的主效应。通过 Means 语句计算平均数，并采用 SNK 进行多重比较，且默认显著水平 $\alpha=0.05$。

程序运行后，主要输出结果如下：

Source	DF	Sum of Squares	Mean Square	F Value	$Pr>F$
Model	6	8918.666667	1486.444444	199.67	0.0050
Error	2	14.888889	7.444444		
Corrected Total	8	8933.555556			

以上是对整个模型进行假设检验的结果，输出内容包括自由度、离均差平方和、均方、F 值和 P 值。本例 Model 的 $F=199.67$，$P=0.005<0.01$，当前模型有统计学意义。

Source	DF	Type I SS	Mean Square	F Value	$Pr>F$
a	2	8905.555556	4452.777778	598.13	0.0017
b	2	11.555556	5.777778	0.78	0.5630
c	2	1.555556	0.777778	0.10	0.9054

以上是对各个效应进行假设检验的结果，其中因素 A 对应的 $F=598.13$，$P=0.0017<0.01$，因素 A 差异显著；因素 B 对应的 $F=0.78$，$P=0.5630>0.05$，因素 B 不显著；因素 C 对应的 $F=0.10$，$P=0.9054>0.05$，因素 C 不显著。此外，根据 F 值大小知各因素对腺苷钴胺片的影响次序为 A→B→C。

SNK Grouping	Mean	N	a
A	97.667	3	3
A	94.333	3	2
B	29.333	3	1
SNK Grouping	Mean	N	b
A	75.333	3	3
A	73.333	3	2
A	72.667	3	1
SNK Grouping	Mean	N	c
A	74.333	3	3
A	73.667	3	2
A	73.333	3	1

以上显示因素 A、B、C 的 SNK 多重比较结果，显著水平 α 默认值为 0.05。根据结果可见，因素 A 的水平 3 和水平 2 较优且无差异，结合正交试验直观分析结果选择水平 3；因素 B 的各水平无差异，结合正交试验直观分析结果选择水平 3；因素 C 的各水平无差异，结合正交试验直观分析结果选择水平 2。所以腺苷钴胺片最优处方组成为 $A_3B_3C_2$。

例 2 试验考察稀释剂、崩解剂、黏合剂及其交互作用对异丁司特片 30min 溶出度的影响。选取因素及水平如下：

因素 A(稀释剂 8g)：A_1=乳糖，A_2=淀粉

因素 B(崩解剂 0.8g)：B_1=CMS-Na，B_2=L-HPC

因素 C(70%乙醇液)：C_1=10% PVP，C_2=3% HPMC

分析各因素和交互作用对试验指标的影响，并确定异丁司特片优化处方。

本例要求考察 3 个因素 A、B、C 及其交互作用对试验指标的影响，每个因素选取 2 个水平，故选择 $L_8(2^7)$表，分别将 A、B、C 置于表的第 1、2、4 列，将交互作用 A×B、A×C、B×C 分别置于表的 3、5、6 列中，表头设计后，按设计的因素水平搭配进行试验，所得结果填入正交表，见表 5-3。

表 5-3 例 2 正交表头设计及试验结果

试验号	1	2	3	4	5	6	7	试验结果 y/%
	A	B	A×B	C	A×C	B×C	x	
1	1	1	1	1	1	1	1	62.5
2	1	1	1	2	2	2	2	69.6
3	1	2	2	1	1	2	2	79.1
4	1	2	2	2	2	1	1	79.7
5	2	1	2	1	2	1	2	83.5
6	2	1	2	2	1	2	1	88.3
7	2	2	1	1	2	2	1	70.2
8	2	2	1	2	1	1	2	80.0

对该试验资料进行 SAS 分析，程序如下：

```
Data biao3;
Input a b ab c ac bc x y@@;
Cards;
1 1 1 1 1 1 1 62.5
1 1 1 2 2 2 2 69.6
………………
2 2 1 2 1 1 2 80.0
;
Proc glm;
Class a b c;
```

```
Model y=a b a*b c a*c b*c;
Means a b a*b c a*c b*c/SNK;
Run;
```

程序说明：建立数据集并命名为 biao3，变量 *a*、*b*、*c* 分别代表因素 A(稀释剂)、因素 B(崩解剂)、因素 C(70%乙醇液)，*x* 代表空白列，*ab* 代表因素 A 和因素 B 的交互，*ac* 代表因素 A 和因素 C 的交互，*bc* 代表因素 B 和因素 C 的交互。

程序运行后，主要输出结果如下：

Source	DF	Sum of Squares	Mean Square	*F* Value	*Pr*>*F*
Model	6	484.1575000	80.6929167	4.88	0.3333
Error	1	16.5312500	16.5312500		
Corrected Total	7	500.6887500			

以上是对整个模型进行假设检验的结果，本例 Model 的 $F=4.88$，$P=0.3333>0.05$，当前模型无统计学意义。

Source	DF	Type I SS	Mean Square	*F* Value	*Pr*>*F*
a	1	120.9012500	120.9012500	7.31	0.2255
b	1	3.2512500	3.2512500	0.20	0.7343
a＊*b*	1	291.6112500	291.6112500	17.64	0.1488
c	1	62.1612500	62.1612500	3.76	0.3031
a＊*c*	1	5.9512500	5.9512500	0.36	0.6560
b＊*c*	1	0.2812500	0.2812500	0.02	0.9174

以上是对各个效应进行假设检验的结果，由于因素 B、交互作用 A×C、B×C 的平方和 3.2512500、5.9512500、0.2812500 都小于 Error 的平方和 16.5312500，因此应当将 B、A×C、B×C 合并到第一类误差。第二次调用 GLM 过程作补充分析，编辑程序如下：

```
Data biao3;
Input a b ab c ac bc x y@@;
Cards;
1 1 1 1 1 1 1 62.5
1 1 1 2 2 2 2 69.6
..................
2 2 1 2 1 1 2 80.0
;
Proc glm;
Class a b c;
Model y=a a*b c;
Run;
```

程序运行后，结果 Model 的 $F=15.75$，$P=0.0236<0.05$，当前模型有统计学意义。其中，因素 A 对应的 $F=15.93$，$P=0.0282<0.05$，因素 A 显著；因素 A 和因素 B 交互对应的 $F=19.43$，$P=0.0192<0.05$，因素 A×B 显著；因素 C 对应的 $F=8.19$，$P=0.0645>0.05$，因素 C 不显著。因此，根据 F 值大小可见因素 A 和因素 B 交互作用为主要因素，因素 A 为重要因素。结合第一次 GLM 程序的多重比较结果：

SNK Grouping	Mean	N	a
A	80.500	4	2
A	72.725	4	1
SNK Grouping	Mean	N	b
A	77.250	4	2
A	75.975	4	1

Level of	Level of		------y------	
a	b	N	Mean	Std Dev
1	1	2	66.0500000	5.02045815
1	2	2	79.4000000	0.42426407
2	1	2	85.9000000	3.39411255
2	2	2	75.1000000	6.92964646

SNK Grouping	Mean	N	c
A	79.400	4	2
A	73.825	4	1

Level of	Level of		------y------	
a	c	N	Mean	Std Dev
1	1	2	70.8000000	11.7379726
1	2	2	74.6500000	7.1417785
2	1	2	76.8500000	9.4045202
2	2	2	84.1500000	5.8689863

Level of	Level of		------y------	
b	c	N	Mean	Std Dev
1	1	2	73.0000000	14.8492424
1	2	2	78.9500000	13.2228968
2	1	2	74.6500000	6.2932504
2	2	2	79.8500000	0.2121320

以上显示因素 A、B、A×B、C、A×C、B×C 的 SNK 多重比较结果，显著水平 α 默认值为 0.05。根据结果可见，由于因素 A 与 B 的交互作用对试验结果影响最大，因此在这种情况下，因素 A 的最优水平和因素 B 的最优水平搭配组合并不一定是最优的试验组

合，故根据上图 SNK 多重比较的结果可知，$A_2B_1=85.9>A_1B_2=79.4>A_2B_2=75.1>A_1B_1=66.05$，所以选择 A_2B_1。由于因素 C、A×C、B×C 不显著，故根据实际选取 C 的水平；由于 PVP 乙醇溶液制粒所得的片剂外观漂亮且均匀度好，偏硬，因此因素 C 取 C_1。最终异丁司特片优化处方为 $A_2B_1C_1$。

2. 正交重复试验资料分析

上述单个观测值正交试验结果的方差分析，其误差是由“空白列”来估计的。然而“空白列”并不空，实际上是由未被考察的交互作用所占据。这种误差既包含试验误差，也包含交互作用，称为模型误差。若交互作用不存在，用模型误差估计试验误差是可行的；若因素间存在交互作用，则模型误差会夸大试验误差，有可能掩盖考察因素的显著性。这时，试验误差应通过重复试验值来设计。所以进行正交试验最好能有 2 次或 2 次以上的重复。

正交重复试验资料分析的关键，是计算第二类误差。用 SAS 的 GLM 过程做正交重复试验结果分析的关键，是用循环结构读入重复试验数据，即：

Input 分组变量@@；do $i=1$ to 重复试验数；Input y@@；Output；End；

正交重复试验结果分析，无空白列时只调用一次 GLM 过程，有空白列时要调用两次 GLM 过程，探索分析时空白列要指定为 Model 变量。

例 3 通过预试验，初步确定羟丙甲纤维素 K15M 为阿司匹林缓释片的骨架材料，柠檬酸为抗氧化剂，则对阿司匹林缓释片药物释放有影响的因素包括羟丙甲纤维素 K15M 用量（A 因素，%）、乳糖用量（B 因素，%）、液状石蜡用量（C 因素，%）和压片硬度（D 因素，N）。试验选取 $L_9(3^4)$ 正交表，以释放度 y 为指标，每次试验重复 2 次，试验方案及 2 次试验结果见表 5-4 和表 5-5。现采用 SAS 软件进行方差分析，确定最优方案。

表 5-4 阿司匹林缓释片制备工艺的 3 因素 3 水平

水平	A	B	C	D
1	20	10	1	30
2	30	15	3	40
3	40	20	5	50

表 5-5 阿司匹林缓释片制备工艺的正交表头设计及 2 次重复试验结果

试验号	1	2	3	4	试验结果 y/%	
	A	B	C	D	第 1 次	第 2 次
1	1	1	1	1	31.9	31.5
2	1	2	2	2	29.7	29.9
3	1	3	3	3	30.8	30.6
4	2	1	2	3	25.3	25.0
5	2	2	3	1	12.1	12.5
6	2	3	1	2	32.5	33.0

续表

试验号	1	2	3	4	试验结果 y/%	
	A	B	C	D	第 1 次	第 2 次
7	3	1	3	2	25.3	25.4
8	3	2	1	3	9.9	9.8
9	3	3	2	1	29.7	29.5

本例属于无空白列，以变量 A、B、C、D 读入 $L_9(3^4)$表各列，用单循环读入重复试验结果 y，只作一次分析，SAS 操作程序如下：

```
Data biao5;
Input a b c d@@;
Do i=1 to 2;
Input y@@;
Output;
End;
Cards;
1 1 1 1 31.9 31.5
1 2 2 2 29.7 29.9
… … … … … …
3 3 2 1 29.7 29.5
;
Proc glm;
Class a b c d;
Model y=a b c d;
Means a b c d/SNK;
Run;
```

程序说明：建立数据集并命名为 biao5。对本例中的重复数据采用循环语句 Do-End 来读入数据。

程序运行后，Model 的 $F=3217.85$，$P<0.0001$，模型有统计学意义。因素 A、B、C、D 的 F 值分别为 3159.80、6804.99、1007.26、1899.35，P 全部分别小于 0.0001。根据 F 值大小知各因素对阿司匹林缓释片制备工艺的影响次序为 B→A→D→C。由多重比较分析结果得到，因素 A 取 1 水平、B 取 3 水平、C 取 2 水平、D 取 2 水平，从而得到最佳制备工艺方案为 $A_1B_3C_2D_2$。

例 4　筛选淫羊藿组分缓释片的处方。以胶态二氧化硅用量(A)、进风温度(B)、进料速度(C)为考察因素，淫羊藿组分中的主要成分宝藿苷Ⅰ的含量为指标，其因素各水平见表 5-6。试验不计交互作用，在 $L_9(3^4)$的前 3 列分别安排 A、B、C，第 4 列为空白列。试验正交设计及其 2 次重复试验结果见表 5-7。现采用 SAS 软件进行方差分析，确定最优方案。

表 5-6 淫羊藿苷组分缓释片处方优化的试验因素及水平

水平	A/%	B/℃	C/(mL/min)
1	0.3	130	9
2	0.5	120	7
3	0.7	110	5

表 5-7 淫羊藿苷组分缓释片处方优化的试验方案及试验结果

试验号	1	2	3	4	试验结果 y/(mg/g)	
	A	B	C	x	第 1 次	第 2 次
1	1	1	1	1	145.71	145.25
2	1	2	2	2	150.46	135.39
3	1	3	3	3	155.23	167.27
4	2	1	2	3	144.39	147.30
5	2	2	3	1	149.56	149.28
6	2	3	1	2	154.72	150.25
7	3	1	3	2	134.33	134.20
8	3	2	1	3	147.85	147.21
9	3	3	2	1	149.60	148.35

本例第 4 列属于空白列，为此需要调用两次 GLM 过程。第一次调用 GLM 作探索分析，以确定空白列 x 平方和，SAS 操作程序如下：

```
Data biao7;
Input a b c x@@;
Do i=1 to 2;
Input y@@;
Output;
End;
Cards;
1 1 1 1 145.71 145.25
1 2 2 2 150.46 135.39
… … … … … … …
3 3 2 1 149.60 148.35
;
Proc glm;
Class a b c;
Model y =a b c x;
Means a b c/SNK;
Run;
```

程序运行后，Model 的 $F=2.59$，$P=0.085>0.05$，模型无统计学意义。但是因素 C 的平方和(24.90493333)小于空白列 x 的平方和(38.5208333)，故将因素 C 和空白列 x 合并到第一类误差。第二次调用 glm 过程，SAS 操作程序如下：

```
Data biao7;
Input a b c x@@;
Do i=1 to 2;
Input y@@;
Output;
End;
Cards;
1 1 1 1 145.71 145.25
1 2 2 2 150.46 135.39
… … … … … … …
3 3 2 1 149.60 148.35
;
Proc glm;
Class a b c;
Model y=a b;
Run;
```

程序运行结果，Model 的 $F=4.57$，$P=0.0160<0.05$，模型有统计学意义。因素 A、B 的 $F=2.15$、6.98，$P=0.1557$，0.00887，可见 B 为主要因素，A 为重要因素。由第一次 GLM 过程的多重比较结果，B 取 3 水平，A、C 根据实际取值，A 取 1 水平，C 取 3 水平，从而淫羊藿苷组分缓释片优化处方为 $A_1B_3C_3$。

3. 混合水平正交试验结果分析

在实际工作中还会遇到试验的各个因素所取水平数不全相同的情况，对于这种情况常采用混合正交表法。混合正交表法就是选用混合正交表 $L_n(p^r \times q^s)$进行正交试验。这里 n 为试验总数，p、q 为两种不同的水平数，r、s 为其相应水平的列数。

例 5　根据预试验结果，以 PVA(A 因素)、CMC-Na(B 因素)、甘油(C 因素)、聚山梨酯 80(D 因素)，累积试验释放度为指标，且考察交互作用 A×C，采用正交试验设计复方苯佐卡因膜剂的处方优化，各因素水平如下：

因素 A(PVA，g)：$A_1=0.8$、$A_2=1.2$、$A_3=1.6$、$A_4=2.0$

因素 B(CMC-Na，g)：$B_1=1.0$、$B_2=1.2$、$B_3=1.4$、$B_4=1.6$

因素 C(甘油，g)：$C_1=1.4$、$C_2=1.8$

因素 D(聚山梨酯 80，mL)：$D_1=1$、$D_2=1.5$

本例因素 A 和因素 B 为 4 水平，因素 C 和因素 D 为 2 水平，因此应选用混合正交表 $L_{16}(4^3\times2^6)$作表头设计。参照交互作用表，将因素 A、B、C、A×C、D 分别置于第 1、2、4、5、6、7、8 列中，表头设计见表 5-8，由此进行相应试验，并将试验结果列于表中。

表 5-8　复方苯佐卡因膜剂的处方优化筛选的试验安排和试验结果

试验号	1	2	3	4	5	6	7	8	9	$y/\%$
	A	B	x_1	C	A×C	A×C	A×C	D	x_2	
1	1	1	1	1	1	1	1	1	1	0.06
2	1	2	2	1	1	2	2	2	2	0.45
3	1	3	3	2	2	1	1	2	2	0.69
4	1	4	4	2	2	2	2	1	1	0.78
5	2	1	2	2	2	1	2	1	2	0.48
6	2	2	1	2	2	2	1	2	1	0.56
7	2	3	4	1	1	1	2	2	1	0.60
8	2	4	3	1	1	2	1	1	2	0.70
9	3	1	3	1	2	2	2	2	1	0.45
10	3	2	4	1	2	1	1	1	2	0.57
11	3	3	1	2	1	2	2	1	2	0.69
12	3	4	2	2	1	1	1	2	1	0.78
13	4	1	4	2	1	2	1	2	2	0.58
14	4	2	3	2	1	1	2	1	1	0.64
15	4	3	2	1	2	2	1	1	1	0.68
16	4	4	1	1	2	1	2	2	2	0.78

混合水平正交设计的试验结果分析通常要两次调用 GLM 过程，第一次探索分析并确定第一类误差及水平优劣，第二次补充分析确定主要因素及最佳搭配。本例中存在空白列，因此第一次调用 GLM 过程以确定空白列 x_1 和 x_2 的平方和，具体操作程序如下：

```
Data biao8;
Input a b x1 c ac1－ac3 d x2 y@@;
Cards;
1 1 1 1 1 1 1 1 1 0.06
1 2 2 1 1 2 2 2 2 0.45
… … … … … … …
4 4 1 1 2 1 2 2 2 0.78
;
Proc glm;
Class a b c d;
Model y=a b x1 c a*c d x2;
Means a b c a*c d/SNK;
Run;
```

程序运行后，主要输出结果如下：

Source	DF	Sum of Squares	Mean Square	F Value	Pr>F
Model	12	0.47147500	0.03928958	9.02	0.0479
Error	3	0.01306875	0.00435625		
Corrected Total	15	0.48454375			

模型 Model 的 $F=9.02$，$P=0.0479<0.05$，模型有统计学意义。但是根据以下各效应假设检验的结果可见，因素 D 和交互作用 A×C 的平方和都小于两个空白列 x_1 和 x_2 的平方和相加(0.02485125+0.00950625=0.0343575)，所以将因素 D 和交互作用 A×C 合并到第一类误差中。

Source	DF	Type I SS	Mean Square	F Value	Pr>F
a	3	0.06586875	0.02195625	5.04	0.1085
b	3	0.29886875	0.09962292	22.87	0.0144
x_1	1	0.02485125	0.02485125	5.70	0.0969
c	1	0.05175625	0.05175625	11.88	0.0410
$a*c$	2	0.01536750	0.00768375	1.76	0.3116
d	1	0.00525625	0.00525625	1.21	0.3523
x_2	1	0.00950625	0.00950625	2.18	0.2361

第二次调用 GLM 过程作补充分析，程序如下：

```
Data biao8;
Input a b x1 c ac1-ac3 d x2 y@@;
Cards;
1 1 1 1 1 1 1 1 1 0.06
1 2 2 1 1 2 2 2 2 0.45
……………………
4 4 1 1 2 1 2 2 2 0.78
;
Proc glm;
Class a b c d;
Model y=a b c;
Run;
```

程序运行后，主要输出结果如下：

Source	DF	Sum of Squares	Mean Square	F Value	Pr>F
Model	7	0.41649375	0.05949911	6.99	0.0068
Error	8	0.06805000	0.00850625		
Corrected Total	15	0.48454375			

模型 Model 的 $F=6.99$，$P=0.0068<0.01$，模型有统计学意义。

Source	DF	Type I SS	Mean Square	F Value	$Pr>F$
a	3	0.06586875	0.02195625	2.58	0.1261
b	3	0.29886875	0.09962292	11.71	0.0027
c	1	0.05175625	0.05175625	6.08	0.0389

由以上方差分析表可知，因素 B 的 $F=11.71$，$P=0.0027$，因素 C 的 $F=6.08$，$P=0.0389$，因素 B、C 差异显著，因素 A 的 $F=2.58$，$P=0.1261$，差异不显著，因此对指标的影响主次顺序为 B→C→A→A×C→D。由多重比较可见，因素 B 取水平 4，因素 C 取水平 2，根据实际因素 A 和因素 D 都取水平 1。故最佳试验方案为 $A_1B_4C_2D_1$。

4. 多指标正交试验结果分析

在实际工作中，衡量试验结果的指标往往不止一个，常需考察多个指标，称为多指标问题。在多指标正交试验中，各指标的最优试验方案之间可能存在一定矛盾，所以，在分析试验结果时常需兼顾各项指标，找出使每个指标都尽可能好的试验方案。

对多指标正交试验设计的结果分析可采用综合平衡法和综合评分法。其中，综合评分法是根据各个指标重要程度，确定相应指标的组合系数或权重，再对每项试验指标进行综合评分，这样综合评分法就将多指标结果的分析问题转化为单指标的分析问题，其 SAS 软件分析程序可参考以上例子。

综合平衡法是先对各指标分别按单一指标进行结果分析，然后对各指标的分析结果进行综合比较，得到最佳试验方案。

例 6 通过正交试验设计优化氨利口膜剂处方。根据前期研究，已知影响氨利口膜剂质量的 3 个主要因素，其中因素 A 为 CMC-Na 与 PVA17-88 的质量比例，因素 B 为甘油在膜浆的浓度，因素 C 为 CMC-Na 与 PVA17-88 的总量在膜浆中的浓度，各因素的水平见表 5-9。

表 5-9 氨利口膜剂处方的影响因素和水平表

水平	A	B/%	C/%
1	1∶2	0.5	6.5
2	2∶3	2.5	5.0
3	1∶1	5.0	4.0

将所选因素和水平安排在 $L_9(3^4)$表的 1、2、3 列，第 4 列空白，不计交互作用，试验指标为膜剂的外观(y_1)和 50min 的释放度 F_{50min}(y_2)，试验表头设计及试验结果见表 5-10。

表 5-10　氨利口膜剂处方优化的试验安排和试验结果

试验号	1	2	3	4	试验结果/%	
	A	B	C	x	y_1	y_2
1	1	1	1	1	18	72.2
2	1	2	2	2	23	82.5
3	1	3	3	3	21	75.1
4	2	1	2	3	32	93.2
5	2	2	3	1	30	91.4
6	2	3	1	2	28	85.2
7	3	1	3	2	20	73.4
8	3	2	1	3	22	77.2
9	3	3	2	1	25	80.3

根据表 10，数据 SAS 分析程序操作如下：

```
Data biao10;
Input a b c x y1 y2@@;
Cards;
1 1 1 1 18 72.2
1 2 2 2 23 82.5
… … … … … …
3 3 2 1 25 80.3
;
Proc glm;
Class a b c;
Model y1 y2=a b c;
Means a b c/SNK;
Run;
```

程序说明：Model 语句等号左端为试验结果变量 y_1 和 y_2，等号右端为需要分析的效应，即分析 a、b、c 3 个因素分别对试验结果 y_1 和试验结果 y_2 的主效应。

程序运行后，变量 y_1 模型 Model 的 $F=22.42$，$P=0.0433$，变量 y_2 模型 Model 的 $F=46.20$，$P=0.0213$，模型有统计学意义。对于变量 y_1，A 因素的 $F=55.75$，$P=0.0176$；B 因素的 $F=1.75$，$P=0.3636$；C 因素 $F=9.75$，$P=0.0930$；因此，影响膜剂外观的主要因素是 CMC-Na 与 PVA17-88 的质量比（因素 A），根据多重比较结果，CMC-Na 与 PVA17-88 的质量比为 2∶3（A_2）时，膜剂外观的各项指标良好。对于变量 y_2，A 因素的 $F=104.65$，$P=0.0095$；B 因素的 $F=8.90$，$P=0.1010$；C 因素 $F=25.04$，$P=0.0384$；因此，影响膜剂释放度 F_{50min} 的因素主要是 A，其次是 C，最后是 B。根据多重比较结果，CMC-Na 与 PVA17-88 的质量比为 2∶3（A_2）时，膜剂释放度 F_{50min} 最高。此外，由于因素 B 和因素 C 的多重比较结果均无差异，则结合正交设计直观

分析结果选取 B_2 和 C_2，最后通过正交设计确定的优化处方为 $A_2B_2C_2$。

【思考题】

(1)某药厂为改革潘生丁环反应工艺，根据经验确定因素及水平如下：

反应温度 A(℃)：$A_1=100$，$A_2=110$，$A_3=120$

反应时间 B(h)：$B_1=6$，$B_2=8$，$B_3=10$

投料比 C(mol/mol)：$C_1=1:1.2$，$C_2=1:1.6$，$C_3=1:2.0$

现选用 $L_9(3^4)$正交表，分别将因素 A、B 和 C 安置在第 1、2 和 3 列上，9 次试验收率分别为：40.9、58.2、71.6、40.0、73.7、39.0、62.1、43.2、57.0。试用 SAS 软件确定因素的主次，并求出因素水平的最优组合(不考虑交互作用)。

(2)为了寻找微型胶囊得率最高的工艺条件，决定考察下列因素和水平：

胶浓度 A(%)：5.5，3.0

包料与被包物之比 B：4∶1，2∶1

加胶方式 C：一次加胶，二次加胶

此外还考虑交互作用 $A\times B$、$B\times C$、$A\times C$。选用正交表 $L_8(2^7)$，将 A、B、C 分别安置在 1、2、4 列上，8 次试验结果(得率,%)为：73.3、75.3、80.5、79.4、67.4、70.0、79.4、77.7。试用 SAS 软件找出因素的主次顺序和最优条件。

实验三十　均 匀 设 计

一、均匀设计的介绍

均匀设计(uniform design)是由中国数学家方开泰和王元于 1978 年首次提出。其最初应用在我国导弹设计中，经过多年的发展和推广，均匀设计已在我国有较广泛的普及，并在医药、化工、生物等诸多领域中使用。均匀设计与正交试验设计相似，但是正交试验设计方法只适宜于水平数不多的试验，若一项试验中有 m 个因素，每个因素各取 n 个水平，则用正交试验设计安排试验至少要做 n^2 次试验，当 n 较大时，试验次数太多而难以实现。若要减少试验的数目，只有去掉“整齐可比”的要求，均匀设计就是只考虑试验点在试验范围内均匀分散的一种试验设计方法。为此，在寻找最佳试验条件、最佳配比等方面均匀设计是选择优化条件的有力工具，因而被大量运用于药物制剂中提取工艺、制备工艺的研究及其处方筛选。

均匀设计也是通过一套精心设计的表进行试验设计的。均匀设计表(uniform design table)一般用 $U_n(n^m)$或 $U_n^*(n^m)$来表示，其中 U 表示均匀设计表，n 表示均匀设计表的行数和表内出现的数码个数，即试验次数和水平数；m 表示均匀设计表的列数。

二、均匀试验设计步骤

(1)确定试验指标，根据均匀分散的原则，确定试验因素和水平。

(2)选择均匀设计表，将试验的因素和水平安排在均匀设计表中，并列出试验安排与数据表。

(3)根据试验数据作回归分析并作显著性检验，如果回归显著，对回归方程求最优解。

(4)根据最优解，确定对试验指标有影响的因素和最优试验方案。

三、均匀设计资料的 SAS 软件分析

按照均匀表安排试验后，对试验数据的分析，通常采用多元回归分析或逐步回归分析方法来分析试验结果，推断出起决定作用的因素和最佳试验条件组合。但是均匀设计在对试验结果进行分析过程中，无论是回归方程的建立还是最优值的计算都要经过大量的计算，因此一般需要利用统计软件包进行计算，现介绍均匀设计资料分析的 SAS 软件编辑程序。

先检验因变量的正态性，再调用 REG 过程建立逐步回归方程，使用格式为：

Proc reg；Model 因变量＝自变量/selection＝ f collinoint sle=0.05 stb；Run；

其中，参数 selection 指定模型，f 或 forward 为向前法(也可选择 b 或 backward 为向后法)，collinoint 为共线性诊断，sle 为变量选入概率，sls 为变量剔除概率，stb 输出标准偏回归系数。

例 7　试验采用均匀设计试验筛选阿替洛尔分散片的处方。通过单因素试验结果可知，对阿替洛尔分散片制备工艺影响较大的因素为填充剂中 MCC 的用量(A 因素)、崩解剂 CMS-Na 的用量(B 因素)和乙醇的质量分数(C 因素)，此外，硬脂酸镁的用量(D 因素)也可直接影响片剂的弹性形变，故试验考察的影响因素及水平见表 5-11，试验以 30min 的体外累积溶出度为指标。

表 5-11　影响阿替洛尔分散片质量的因素及水平

水平	A/%	B/%	C/%	D/%
1	25	4.0	0.46	10
2	27	4.3	0.52	15
3	29	4.6	0.58	20
4	31	4.9	0.64	25
5	33	5.2	0.70	30
6	35	5.5	0.76	35
7	37	5.8	0.82	40
8	39	6.1	0.88	45
9	41	6.4	0.94	50
10	43	6.7	1.00	55
11	45	7.0	1.06	60

该例为4因素11水平，故选择均匀表 $U_{11}(11^{10})$安排均匀设计试验，并将A、B、C、D分配在均匀表1、2、5、7列，根据试验表的试验方案开展试验并将试验结果列于表5-12中。

表 5-12 阿替洛尔分散片处方筛选的均匀设计试验方案与试验结果

试验号	A(x_1)	B(x_2)	C(x_3)	D(x_4)	溶出度 y/%
1	1(25)	2(4.3)	5(0.70)	7(40)	86.92
2	2(27)	4(4.9)	10(1.00)	3(20)	92.27
3	3(29)	6(5.5)	4(0.64)	10(55)	89.09
4	4(31)	8(6.1)	9(0.94)	6(35)	92.55
5	5(33)	10(6.7)	3(0.58)	2(15)	88.65
6	6(35)	1(4.0)	8(0.88)	9(50)	89.55
7	7(37)	3(4.6)	2(0.52)	5(30)	88.01
8	8(39)	5(5.2)	7(0.82)	1(10)	92.54
9	9(41)	7(5.8)	1(0.46)	8(45)	88.84
10	10(43)	9(6.4)	6(0.76)	4(25)	92.49
11	11(45)	11(7.0)	11(1.06)	11(60)	95.01

现用SAS软件建立阿替洛尔分散片30min的体外累积溶出度关于MCC用量(A)、崩解剂CMS-Na用量(B)、乙醇的质量分数(C)和硬脂酸镁用量(D)的回归方程，编辑程序如下。

```
Data biao12;
Input x1 x2 x3 x4 y@@;
Cards;
25 4.3 0.70 40 86.92
27 4.9 1.00 20 92.27
… … … … … … …
45 7.0 1.06 60 95.01
;
Proc univariate normal;
Var y;
Proc reg;
Model y =x1 x2 x3 x4/selection=f sle=0.05 stb collinoint;
Run;
```

程序说明：建立数据集并命名为biao12，x_1、x_2、x_3、x_4分别代表MCC用量(A)、崩解剂CMS-Na用量(B)、乙醇的质量分数(C)和硬脂酸镁用量(D)，y代表因变量试验结果溶出度。Proc语句选项univariate normal分析因变量y的正态性。Proc语句选项REG作回归分析。Model语句是必需句，定义回归分析模型以及模型中的因变量、自变量、模型选项及结果输出选项，本例中选择前进法逐步回归，变量选入概率为 0.05。

程序运行后，结果如下：

Source	DF	Sum of Squares	Mean Square	F Value	Pr>F
Model	2	54.24348	27.12174	22.55	0.0005
Error	8	9.62288	1.20286		
Corrected Total	10	63.86636			

Root MSE	1.09675	R-Square	0.8493
Dependent Mean	90.53818	Adj R-Sq	0.8117
Coeff Var	1.21137		

以上是回归方程的方差分析结果，结果表明 Model 的统计量 $F=22.55$，$P=0.0005<0.01$，逐步回归方程有统计学意义。调整决定系数 $R^2=0.8117$，回归方程拟合效果较好。

Variable	DF	Parameter Estimate	Standard Error	t Value	Pr > |t|	Standardized Estimate
Intercept	1	76.57230	2.28313	33.54	<0.0001	0
x_1	1	0.18145	0.05229	3.47	0.0084	0.47628
x_3	1	10.01970	1.74285	5.75	0.0004	0.78898

以上是参数估计结果，x_1的偏回归系数 t 统计量=3.47，$P=0.0084<0.01$，x_3的偏回归系数 t 统计量=5.75，$P=0.0004<0.01$，所以 x_1 和 x_3 应留在方程中。最终多元逐步回归方程 $\hat{y}=76.5723+0.18145x_1+10.0197x_3$。由于方程中含 x_1 和 x_3 均为正号，且不含 x_2 和 x_4，故 x_1 和 x_3 应取试验范围内的最大值，x_2 和 x_4 应根据实际取值，从而得到最优点的近似估计为 $x_1=45$，$x_2=4.0$，$x_3=1.06$，$x_4=10$。

例 8　在预试验基础上，考虑“止咳贴膏”生产工艺中影响综合质量的增稠剂 A(%)、防腐剂 B(%)、填充剂 C(%)、反应时间 D(h)4 因素 6 水平，见表 5-13。用均匀表 $U_6(6^4)$安排均匀设计试验，试验方案及结果见表 5-14 所示，建立回归方程。

表 5-13　止咳贴膏综合质量的因素水平

水平	A/%	B/%	C/%	D/%
1	2.5	1.0	0	9
2	2.0	0.8	1	12
3	1.5	0.6	2	15
4	1.0	0.4	3	18
5	0.5	0.2	4	21
6	0	0	5	24

表 5-14　止咳贴膏综合质量的均匀设计

试验号	A(x_1)	B(x_2)	C(x_3)	D(x_4)	评分 y
1	5(0.5)	4(0.4)	6(5)	2(12)	8.0
2	4(1.0)	6(0)	4(3)	6(24)	7.9
3	3(1.5)	1(1.0)	3(2)	1(9)	8.8
4	6(0)	3(0.6)	1(0)	4(18)	7.7
5	1(2.5)	5(0.2)	2(1)	3(15)	8.1
6	2(2.0)	2(0.8)	5(4)	5(21)	9.0

现用 SAS 软件建立止咳贴膏关于增稠剂 A(%)、防腐剂 B(%)、填充剂 C(%)、反应时间 D(h)的回归方程。首先，根据例 6 编辑程序，结果如下：

Source	DF	Sum of Squares	Mean Square	F Value	$Pr>F$
Model	0	0			
Error	5	1.37500	0.27500		
Corrected Total	5	1.37500			

结果 y 服从正态分布，但 REG 过程输出的 Model 无统计量，无法建立逐步回归方程。由于本例用线性与逐步回归方程进行数据分析，结果无统计学意义，此时应考虑建立二次多项式逐步回归方程，程序如下：

```
Data biao14;
Input x1 x2 x3 x4 y@@;
Z0=x1*x1;
Z1=x1*x2;
Z2=x1*x3;
Z3=x1*x4;
Z4=x2*x2;
Z5=x2*x3;
Z6=x2*x4;
Z7=x3*x3;
Z8=x3*x4;
Z9=x4*x4;
Cards;
0.5 0.4 5 12 8.0
1.0 0 3 24 7.9
… … … … … …
2.0 0.8 4 21 9.0
;
```

```
Proc univariate normal;
Var y;
Proc reg;
Model y=x1-x4 z0-z9/selection=f sle=0.05 stb collinoint;
Run;
```

程序说明：自变量除了 x_1、x_2、x_3、x_4以外，还分析了 $z_0 \sim z_9$，即分析了二次项 x_1^2、x_2^2、x_3^2、x_4^2及交互项 x_1x_2、x_1x_3、x_1x_4、x_2x_3、x_2x_4、x_3x_4对试验结果的影响。

程序运行后，Model 检验 $F=9\ 627\ 723$，$P=0.0024<0.01$，逐步回归方程有统计学意义。调整 $R^2=1.000$，回归方程拟合效果好，x_1、z_1、z_6、z_8偏回归系数 t 统计量=-39.50、3007.86、-139.62、959.05，P 分别为 0.0161、0.0002、0.0046、0.0007，均小于 0.01，应留方程。故二次多项式逐步回归方程为 $\hat{y}=7.734\ 23-0.0541x_1+0.7\ 0644x_1x_2-0.003\ 17x_2x_4+0.002\ 38x_3x_4$。结果说明，因素 A 对试验结果有显著性影响，交互作用 A×B、B×D、C×D 对试验结果有显著性影响。

【思考题】

抗感冒颗粒制备工艺研究考察 3 因素的范围：A 浓缩比例[药液体积：生药(g)](1：1)～(5：1)、B 壳聚糖加量(mL/g 生药)0.2～1、C 调 pH 为 4.0～5.6，每个因素等距取 5 个水平。A、B、C 置于 $U_5(5^3)$的 1、2、3 列，质量综合评分为：9.69、7.92、7.86、7.24、6.16，确定最优试验方案。

附录　部分试液、缓冲液、指示剂和滴定液的配制（摘录《中国药典》）

1. 甲醛溶液

含甲醛(CH_2O)不得少于 36.0%(g/g)。

2. 氨试液

取浓氨溶液 400mL，加水使溶解成 1000mL，即得。

3. 5%香草醛硫酸溶液

5g 香草醛，用 10%硫酸乙醇 100mL(无水乙醇)溶解。

4. 1%香荚兰醛硫酸液

1g 香荚兰素溶于 100mL 浓硫酸中，用时现配。

5. 0.025%甲基红的乙醇溶液

取甲基红 0.025g，加无水乙醇 100mL，即得。

6. 氢氧化钠试液

取氢氧化钠 10g，加水使溶解成 100mL，即得。

7. 氨-氯化铵缓冲液(pH 10.0)

取氯化铵 5.4g，加蒸馏水 20mL 溶解后，加浓氨水溶液 35mL，再加水稀释至 100mL，即得。

8. 铬黑 T 指示剂

取铬黑 T 0.1g，加氯化钠 10g，置于研钵中，研细混匀。贮存于棕色磨口瓶中。

9. 甲基红-溴甲酚绿混合指示液

(1)溴甲酚绿-甲基红指示剂是溴甲酚绿和甲基红混合而成的一种变色范围更窄的指示剂，常用于盐酸标准溶液的标定。

(2)配制：取 0.1%甲基红的乙醇溶液 20mL，加 0.2%溴甲酚绿的乙醇溶液 30mL，摇匀，即得。

(3)pH 5.0 以下为暗红色，pH 5.1 为灰绿色，pH 5.2 以上为绿色。

10. 酚酞指示液

取酚酞 1g，加乙醇 100mL 使溶解，即得。变色范围 pH 为 8.3～10.0(无色→红)。

11. 钙紫红素指示剂

取钙紫红素 0.1g，加无水硫酸钠 10g，研磨均匀，即得。

12. 0.01mol/L 盐酸溶液

(1)配制：取盐酸 90mL，加水适量使成 1000mL，摇匀。

(2)盐酸滴定液(1mol/L)标定：取在 270～300℃干燥至恒重的基准无水碳酸钠约 1.5g，精密称定，加水 50mL 使溶解，加甲基红-溴甲酚绿混合指示液 10 滴，用本液滴定至溶液由绿色转变为紫红色时，煮沸 2min，冷却至室温，继续滴定至溶液由绿色变为暗紫色。

(3)计算：1mL 盐酸滴定液(1mol/L)相当于 53.00mg 的无水碳酸钠。根据本液的消耗量与无水碳酸钠的取用量，算出本液的浓度，即得。如需用盐酸滴定液(0.05mol/L、0.02mol/L 或 0.01mol/L)时，可取盐酸滴定液(1mol/L)加水稀释制成。

13. 乙二胺四乙酸二钠滴定液(0.05mol/L)

(1)取乙二胺四乙酸二钠 19g，加水适量使其溶解成 1000mL，摇匀。

(2)标定：取于约 800℃干燥至恒重的基准氧化锌 0.12g，精密称定，加稀盐酸 3mL 使溶解，加水 25mL，加 0.025%甲基红的乙醇溶液 1 滴，滴加氨试液至溶液显微黄色，加水 25mL 与氨-氯化铵缓冲液(pH 10.0)10mL，再加铬黑 T 指示剂少量，用本液滴定至溶液由紫色变为纯蓝色，并将滴定结果用空白试验校正，1mL 乙二胺四乙酸二钠滴定液(0.05mol/L)相当于 4.069mg 的氧化锌。根据本液的消耗量与氧化锌的取用量，算出本液的浓度。即得。

(3)结果计算

$$F_{EDTA} = \frac{W_{ZnO}}{(V_{EDTA} - V_0) \times T_{EDTA/ZnO}}$$

式中，F 为滴定液的校正值；W 为基准物的取样量；V 为基准物消耗滴定液的体积；T 为滴定度。

14. 氢氧化钠滴定液(0.1mol/L)

(1)配制：取氢氧化钠适量，加水振摇使溶解成饱和溶液，冷却后，置聚乙烯塑料瓶中，静置数日，澄清后备用。取澄清的氢氧化钠饱和溶液 5.6mL，加新沸过的冷水适量使其溶解成 1000mL，摇匀。

(2)标定：取在 105℃干燥至恒重的基准邻苯二甲酸氢钾约 0.6g，精密称定，加新沸过的冷水 50mL，振摇，使其尽量溶解，加酚酞指示液 2 滴，用本液滴定；在接近终点时，应使邻苯二甲酸氢钾完全溶解；滴定至溶液显粉红色。1mL 氢氧化钠滴定液

(0.5mol/L)相当于102.1mg的邻苯二甲酸氢钾。根据本液的消耗量与邻苯二甲酸氢钾的取用量，算出本液的浓度，即得。如需用氢氧化钠滴定液(0.01mol/L、0.02mol/L或0.05mol/L)时，可取氢氧化钠滴定液(0.1mol/L)在临用前加新沸过的冷水稀释制成。必要时，可用盐酸滴定(0.01mol/L、0.02mol/L或0.05mol/L)标定浓度。

15. 硫酸滴定液(0.05mol/L)

(1)配制：取硫酸3.0mL缓缓注入适量水中，冷却至室温，加水稀释至1000mL，摇匀。

(2)标定：照盐酸滴定液(0.1mol/L)项下的方法标定。取在270～300℃干燥至恒重的基准无水碳酸钠约0.15g，精密称定，加水50mL使溶解，加甲基红-溴甲酚绿混合指示液10滴，用本液滴定至溶液由绿色转变为紫红色时，煮沸2min，冷却至室温，继续滴定至溶液由绿色变为暗紫色。1mL的盐酸滴定液(0.1mol/L)相当于5.30mg的无水碳酸钠。根据本液的消耗量与无水碳酸钠的取用量，算出本液的浓度，即得。

16. 碘滴定液(0.1mol/L)

(1)配制：取碘13.0g，加碘化钾36g与水50mL溶解后，加盐酸3滴与水适量使成1000mL，摇匀，用垂熔玻璃滤器滤过。

(2)标定：取在105℃干燥至恒重的基准三氧化二砷约0.15g，精密称定，加氢氧化钠滴定液(1mol/L)10mL，微热使溶解，加水20mL与甲基橙指示液1滴，加硫酸滴定液(0.5mol/L)适量使黄色转变为粉红色，再加碳酸氢钠2g，水50mL与淀粉指示液2mL，用本液滴定至溶液显浅蓝紫色。

(3)计算：1mL碘滴定液(0.1mol/L)相当于4.946mg的三氧化二砷。根据本液的消耗量与三氧化二砷的取用量，算出本液的浓度，即得。

17. 硫代硫酸钠滴定液(0.1mol/L)

(1)配制：取硫代硫酸钠26g与无水碳酸钠0.20g，加新沸过的冷水适量使其溶解成1000mL，摇匀，放置1个月后滤过。

(2)标定：取在120℃干燥至恒重的基准重铬酸钾0.15g，精密称定，置碘瓶中，加水50mL使溶解，加碘化钾2.0g，轻轻振摇使溶解，加稀硫酸40mL，摇匀，密塞；在暗处放置10min后，加水250mL稀释，用本液滴定至近终点时，加淀粉指示液3mL，继续滴定至蓝色消失而显亮绿色，并将滴定的结果用空白试验校正。

(3)计算：1mL硫代硫酸钠滴定液(0.1mol/L)相当于4.903mg的重铬酸钾。根据本液的消耗量与重铬酸钾的取用量，算出本液的浓度，即得。

室温在25℃以上时，应将反应液及稀释用水降温至约20℃。如需用硫代硫酸钠滴定液(0.01mol/L或0.005mol/L)时，可取硫代硫酸钠滴定液(0.1mol/L)在临用前加新沸过的冷水稀释制成。

18. 钙盐鉴别

(1)取铂丝，用盐酸湿润后，蘸取供试品，在无色火焰中燃烧，火焰即显砖红色。

(2)取供试品溶液(1→20)，加甲基红指示液2滴，用氨试液中和，再滴加盐酸至恰呈酸性，加草酸铵试液，即生成白色沉淀；分离，沉淀不溶于乙酸，但可溶于盐酸。

19. 乳酸盐鉴别

取供试品溶液5mL(约相当于乳酸5mg)，置试管中，加溴试液1mL与稀硫酸0.5mL，置水浴上加热，并用玻璃棒小心搅拌至褪色，加硫酸铵4g，混匀，沿管壁逐滴加入10%亚硝基铁氰化钠的稀硫酸溶液0.2mL和浓氨试液1mL，使成两液层；在放置30min内，两液层的接界面处出现一暗绿色环。

20. 10%亚硝基铁氰化钠的稀硫酸溶液

10g亚硝基铁氰化钠放入烧杯中，加90mL的硫酸水溶液(1mL浓硫酸∶99mL纯化水)溶解后放入棕色试剂瓶中存放。

主要参考文献

崔福德. 2011. 药剂学实验指导. 第 3 版. 北京：人民卫生出版社.

方晓玲. 2012. 药剂学实验指导. 上海：复旦大学出版社.

高建青. 2012. 药剂学与工业药剂学实验指导. 杭州：浙江大学出版社.

高祖新，刘艳杰，张丕德. 2007. 医药数理统计方法. 北京：人民卫生出版社.

国家药典委员会. 2010. 中华人民共和国药典. 北京：中国医药科技出版社.

李芬芬，张本山. 2010. 淀粉颗粒粒径不同测定方法的比较. 食品与发酵工业，4：171-174.

陆彬. 1994. 药剂学实验. 北京：人民卫生出版社.

张志荣. 2014. 药剂学. 第 2 版. 北京：高等教育出版社.

周建平. 2007. 药剂学实验与指导. 北京：中国医药科技出版社.

周仁郁. 2007. SAS 统计软件. 北京：中国中医药出版社.